EL CÍRCULO ARTÍSTICO ANTEQUERANO SIGLOS XV-XVII

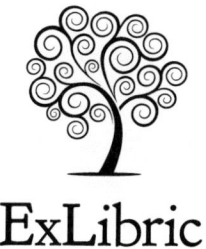

ExLibric

JOSÉ ESCALANTE JIMÉNEZ

EL CÍRCULO ARTÍSTICO ANTEQUERANO SIGLOS XV-XVII

EXLIBRIC

ANTEQUERA 2025

EL CÍRCULO ARTÍSTICO ANTEQUERANO SIGLOS XV-XVII
© José Escalante Jiménez
© de la imagen de portada: Archivo Histórico Municipal de Antequera
© de la imagen de contraportada: José Escalante Jiménez
Diseño de portada: Dpto. de Diseño Gráfico Exlibric

2ª edición

© ExLibric, 2025.

Editado por: ExLibric
c/ Cueva de Viera, 2, Local 3
Centro Negocios CADI
29200 Antequera (Málaga)
Teléfono: 952 70 60 04
Fax: 952 84 55 03
Correo electrónico: exlibric@exlibric.com
Internet: www.exlibric.com

ISBN: 979-13-87707-58-3
Depósito Legal: MA-765-2025

Impresión: PODiPrint
Impreso en Andalucía – España

Nota de la editorial: ExLibric pertenece a Innovación y Cualificación S. L.

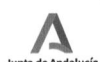

Junta de Andalucía

Esta obra ha recibido una ayuda a la edición de
la Consejería de Cultura y Deporte de la Junta de Andalucía.

JOSÉ ESCALANTE JIMÉNEZ

EL CÍRCULO ARTÍSTICO
ANTEQUERANO
SIGLOS XV-XVII

Índice

DE CIUDADES, TERRITORIOS Y CÍRCULOS ARTÍSTICOS

A MODO DE PRÓLOGO

Dice el refrán que «como en casa de uno, en ningún sitio». Hace siglos que Andalucía demuestra la agudeza del dicho hasta más allá de la extrema literalidad. A nadie escapa, en efecto, la realidad antropológica y cultural de nuestro entorno como un auténtico territorio de ciudades, donde el peso de lo identitario, lo idiosincrásico, lo singular, lo pintoresco y lo vernáculo continúan apoderándose de cada resquicio del sustrato colectivo, al compás del pulso marcado secularmente por las respectivas sociedades locales. Quizás por eso en Andalucía no quepa hablar de «nacionalismos» sino de «patrioterismos», más o menos exacerbados, más o menos latentes, más o menos declarados, pero que, en cualquier caso y en toda regla, todavía siguen omnipresentes en la Andalucía del mundo globalizado. No es que esta situación sea «buena» o «mala». Sencillamente es la que es. En consecuencia, imprime «carácter» a las gentes y las manifestaciones culturales que de la inquietud humana se derivan.

Tales reflexiones adquieren especial carta de naturaleza en lo que atañe a las creaciones artísticas; por supuesto, entre una parte significativa de quienes las estudiamos, analizamos y explicamos desde la perspectiva de la Historia del Arte. Reflejo significativo de cuanto decimos fueron y continúan siendo (aunque ya menos) las acaloradas y estériles discusiones que, durante años y años, se hicieron especialmente célebres en el debate historiográfico y los foros científicos a la hora de proclamar la «superioridad» artística de monumentos, artistas y presuntas «escuelas» sobre sus homólogas de otras ciudades en un preclaro ejercicio de imperialismo crítico y exaltación endogámica, muchas veces rayanos en el chauvinismo más flagrante. Es cierto que desde otras atalayas situadas fuera de los focos «tradicionales» de discusión, las cosas se ven de otra manera: más sosegada, menos apasionada, más ecuánime, más objetiva, en suma, en consonancia con los nuevos vientos de una Historia del Arte moderna y comprometida con el discurso metodológico de los estudios visuales, los estudios culturales y las «otras» Historias del Arte.

Quizás por eso sean más necesarios que nunca estudios monográficos sectoriales que abran los ojos a otras realidades del mosaico creativo en la Andalucía de los *Saecula Aurea*. No es minimizar, en absoluto, la hegemonía de los centros productivos «de siempre». Se trata de enriquecer la visión sobre aquellos, dirigiendo nuestra atención hacia otros puntos no menos estratégicos del territorio de ciudades que revelan el seguimiento de las pautas marcadas desde los focos que capitalizan el proceso artístico, al tiempo de revelar una inquietud evidente por proponer soluciones con cierta personalidad y singularidad estética. Como nosotros mismos hemos venido subrayando en repetidas ocasiones, Antequera evidenció desde el Quinientos, sin dejar de mostrarse receptiva a las aportaciones foráneas, una inequívoca tendencia a satisfacer y cubrir la ingente demanda de Órdenes Religiosas, Hermandades, clero secular, instituciones civiles y particulares por la vía de la autarquía y la producción autóctona, lo cual explica el temprano desarrollo de los talleres locales. Con el discurrir del tiempo ello derivaría en la gestación de un círculo artístico propio, con unos rasgos definidores más o menos acentuados. Aunque, eso sí, con manifiesta vocación vernácula en cuanto a sintonía con los gustos y preferencias de la comitencia antequerana y su entorno.

Desde 1993, el Dr. José Escalante Jiménez, historiador y director del Archivo Histórico Municipal de Antequera, es un nombre imprescindible en la historiografía de la plástica andaluza de la llamada «Edad Moderna». Sus publicaciones cuentan con el gran mérito de haber logrado que la comunidad científica y el público en general hayan interiorizado la feliz realidad de la presencia, existencia y actividad de un prolífico círculo artístico en esta ciudad, cuyos orígenes se retrotraen a los tiempos inmediatos a su conquista e incorporación a la Corona de Castilla en época bajomedieval. Este libro culmina y completa una secuencia de trabajos previos que el Dr. Escalante ha venido realizando en torno al tema, con el incontestable refrendo que supone para su estudio el impresionante bagaje de fuentes documentales conservado en el referido centro de investigación municipal que no solamente dirige, sino que contribuyó a organizar, tecnificar y poner en valor para uso y disfrute de la comunidad científica convirtiéndolo en uno de los archivos andaluces más relevantes.

A lo largo de tres extensos capítulos, la documentación exhumada por José Escalante constituye la arquitectura figurada de este libro, al igual que el incansable investigador agustino Andrés Llordén Simón hiciera en otros tiempos en sus inapreciables trabajos dedicados a los arquitectos, canteros, escultores, entalladores, pintores, doradores y plateros. Desde la voz otorgada a los protocolos notariales, Escalante va definiendo la secuencia cronológica tripartita que, en primer término, permite constatar la gestación del círculo artístico antequerano en un segmento cronológico «antes del círculo» comprendido entre 1406-1550. Después sobrevendría el gran momento significado por la actividad de los «artífices del círculo» entre 1570-1600, de la mano de pintores, canteros, doradores, escultores o entalladores. De esta manera junto a la acreditada solvencia pictórica de Antonio Mohedano, Escalante constata la pletórica y prolífica producción acometida por un grupo de escultores plenamente consolidado en torno a los obradores de imaginería de Juan Vázquez de Vega, Andrés Iriarte, Juan de Montes, Baltasar López, Luis de Haya, José Hernández, Antonio de Osuna y, singularmente, Diego de Vega. La aportación del Dr. Escalante en relación a este último artista la calificamos de fundamental para la Historia del Arte en Andalucía, habida cuenta de haber sacado a la luz el nombre y la producción de quien, hoy en día, pasa por ser uno de los más fieles seguidores de la revolución conceptual, estética e iconográfica que la gran figura de Pablo de Rojas supuso para la escultura de su tiempo en cuanto a superación de los postulados anticlásicos y expresivos de estirpe esencialmente manierista por un nuevo lenguaje de ponderada serenidad, embargado de la nobleza, gravedad, severidad y sentido monumental que bebe de los prototipos de la antigüedad clásica. Cuanto más, cuando el análisis de la producción documentada por José Escalante también invita a considerar a Diego de Vega uno de los escultores que mejor supo comprender e interpretar la poética del primero de los dos grandes alcalaínos, transfiriéndola a su obra con un sello propio imbuido de cierta visceralidad incipientemente protobarroca. No menos encomiable es la reivindicación de la figura del arquitecto y escultor Francisco Gutiérrez Garrido como artífice material, por espacio de cuatro décadas, de la transformación urbanística de la ciudad renovada que surge al impulso de los aires humanistas, entre el último cuarto del Quinientos y los tres primeros lustros del Seiscientos.

Finalmente, el XVII supondría «la plenitud del círculo», último de los capítulos del libro, preferentemente ocupado en las interesantes figuras de Juan Bautista del Castillo y su hijo Antonio del Castillo, entre otros. Aunque el perfil biográfico de estos escultores todavía arroja numerosas incógnitas es de suponer que la formación artística (y quizás incluso parte de la trayectoria profesional de los mismos) debió discurrir, en su mayoría, alrededor de los talleres sevillanos, granadinos o malagueños coetáneos. Allí asimilarían una serie de convenciones formales y rasgos estilísticos, posteriormente incorporados a su producción antequerana junto a ciertos elementos individuales debidos, por supuesto, a la personalidad del artista, al uso de diversas fuentes visuales, el influjo de obras anteriores y contemporáneas y al manejo de dibujos y grabados, por lo demás tan frecuentes dentro de los procedimientos de trabajo de la época, en calidad de canales inspiradores de soluciones formales y compositivas y vehículo transmisor de influencias y prototipos iconográficos, según han puesto de relieve los recientes estudios de José Luis Romero Torres y Jesús Romero Benítez.

Aunque sus bases argumentales concluyen en el Seiscientos, la lectura de esta obra sirve de antesala al florecimiento artístico de la escultura antequerana de las últimas décadas del XVIII presentándolo y explicándolo *sotto voce* como un proceso natural que surge como directa consecuencia de las etapas abordadas en estas páginas. De hecho, sin un círculo, una tradición artística y un organigrama clientelar consolidados entre el XV y el XVII hubiera sido muy difícil que Antequera hubiese podido vivir ese momento emergente cuando los encargos se multiplican y aún desbordan el marco geográfico inmediato para extenderse a las poblaciones de las provincias adyacentes a la de Málaga, protagonizando un llamativo proceso de «colonización» de las áreas limítrofes, especialmente del entorno hispalense. En definitiva, una obra imprescindible para personas estudiosas y amantes del arte en la que, parafraseando aquella expresión del canónigo dieciochesco malagueño Cristóbal Medina Conde, también el Dr. José Escalante Jiménez nos ofrece un antológico compendio de «materiales de noticias seguras» para formar la Historia del Arte en la ciudad de Antequera y, por extensión, en el territorio de ciudades de Andalucía.

Juan Antonio Sánchez López
Catedrático de Historia del Arte
Universidad de Málaga

PROEMIO

Redactar un trabajo de investigación como este que viene a nacer, casi cuando estamos llegando a la segunda década del siglo XXI, entraña una serie de riesgos intelectuales y de prestigio, los cuales pueden ser perfectamente asumidos teniendo en cuenta que este autor, no es un licenciado en Historia del Arte, ni un crítico artístico, personas versadas en el conocimiento de la producción y elaboración de la obra de arte y de su valoración y encuadre, basados en sus amplios conocimientos y en el análisis detallado de la obra.

Como he dicho no es el caso, al incauto lector que se adentre en estas páginas le espera una visión bien distinta de la obra artística, dado que está realizada por un historiador que además ejerce de archivero.

Nos enfrentaremos pues a una obra desfasada en su concepto y en la que impera un duro positivismo, ausente de crítica a la moda, pero llena de datos y realidades. Hoy día, que precisamente vivimos una realidad, no real…, surrealista, en la que, la inmediatez y la falta de rigor en muchas ocasiones, intentan ser salvada y justificada por los miles de millones de datos, que pululan por el ciberespacio y que son la salvación de los que, el estudio sistemático y el acercamiento a las fuentes de la información, les produce pereza, y una pérdida de tiempo.

La degradación que la sociedad española está sufriendo, en buena medida viene determinada por la falta de una clase intelectual comprometida y sobre todo reconocida, y en la que los escasos investigadores que aún existen no son ni tenidos en cuenta, ni valorados, ¡qué lejos estamos de esa Europa a la que nos negamos a pertenecer!

En este contexto viene a nacer esta investigación. Se trata de poner orden al menos con datos, fechas, documentos fehacientes y pruebas indiscutibles, de la realidad de un espacio que vamos a denominar Tierras de Antequera, y además a lo largo de un periodo temporal que vendremos a bautizar como la Edad del Ingenio, que comprendería la época de oro de la Edad Moderna, y que arranca desde el siglo XV hasta el XVII.

Tradicionalmente se viene hablando de la existencia de dos grandes escuelas en Andalucía, la sevillana y la granadina, a las que de manera sistemática se han ido adscribiendo uno u otros autores, esto cuando hablamos principalmente de escultura, o pintura, soportando otros espacios territoriales una denominación menor como es la de «círculo».

Estos conceptos, muy arraigados, deberían de ser revisados por quien corresponda. Es muy complejo llegar a centrar de forma exclusiva, una actividad determinada y vinculada a un espacio geográfico cerrado.

En las sociedades se tiene contacto no solo con un entorno natural concreto, sino que además se convive en espacios muchos más amplios, que rompen la burbuja en la que muchos quieren encerrar y encorsetar determinadas actividades, una de ellas las relativas al arte y su creación.

Es evidente que este autor no pretende establecer cátedra, ni mucho menos, pero sí insinuar y desde la perspectiva que puede dar la visión de un archivero, la posibilidad de hablar de un marco amplio de trabajo, al que podríamos denominar, todo ello supuestamente siempre, «Escuela Artística Andaluza», configurada por círculos específicos como el sevillano, el granadino, el jienense, el malagueño, el cordobés y por supuesto el círculo artístico antequerano. Todo en la vida tiene interconexión y relación, no hay nada aislado.

Pero esto es un tema harto complicado y que escapa de forma evidente a las capacitaciones y competencias intelectuales e interpretativas de este autor, mucho más lineal y positivista en sus conceptos.

Como he indicado en párrafos anteriores nos vamos a adentrar, brevemente en conocer lo que sucede en las Tierras de Antequera, durante la Edad del Ingenio, entorno a la existencia de un círculo artístico claramente identificado, y del que venimos hablando desde 1991.

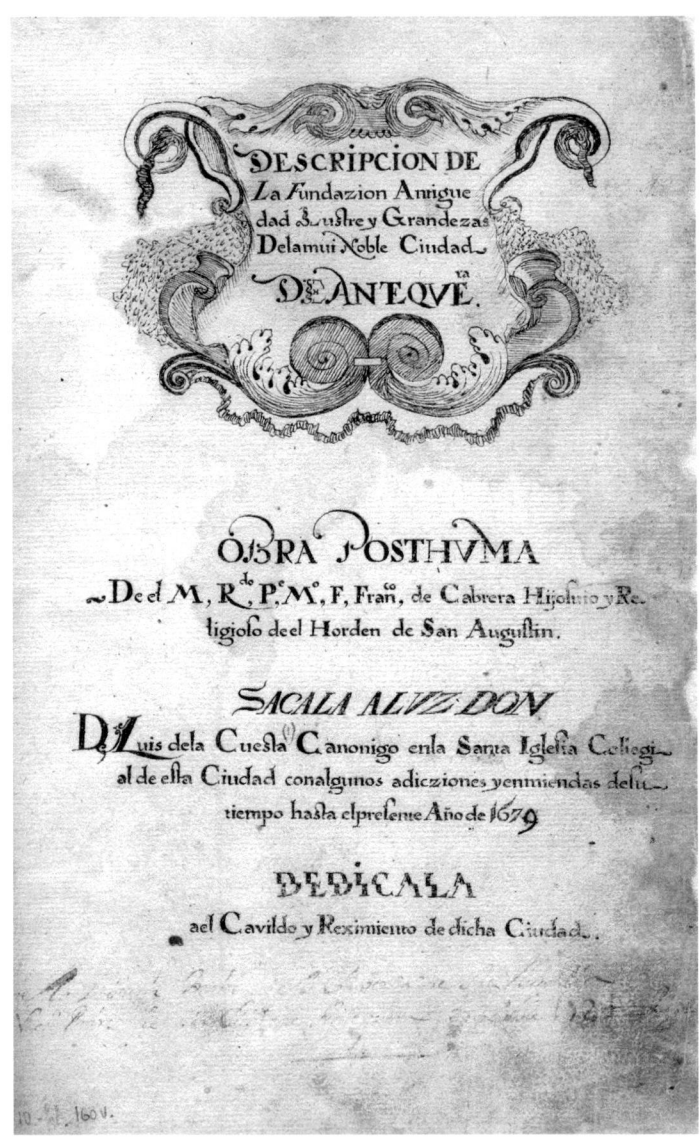

Portada de la *Historía de Antequera*, del padre Francisco Cabrera (1679).
(A.H.M.A. Fondo Fotográfico)

LAS FUENTES
HISTORIOGRÁFICAS

A la hora de abordar el complejo estudio sobre el círculo artístico antequerano un primer aspecto que no podemos dejar atrás es el reflejo que los artífices de obras de arte han ido dejando incluso en la historiografía local, algo, por otra parte, poco usual.

Damos por supuesto que se conoce la extensa e importante aportación historiográfica que Antequera ha generado a lo largo de su historia con una producción variada y que de alguna forma recoge los hechos y factores más importantes del devenir de la ciudad. Circunstancia esta que está siendo analizada desde hace algunos años por la Dra. Mercedes Fernández Paradas y este autor. En este trabajo es necesario, por su singularidad, que nos detengamos para transmitir la información que distintos autores y en diferentes épocas aporta sobre los escultores, alarifes y pintores que desarrollan su labor en las «Tierras de Antequera» Desde esta perspectiva, procederemos a transcribir literalmente los principales.

En primer lugar, traemos a estas páginas lo que nos cuenta un personaje fundamental para el estudio de la historia local[1],

---

1 Descripción de la fundación, antigüedad, lustre y grandezas de la muy noble ciudad de Antequera.

el conocido como Padre fray Francisco de Cabrera, que en los folios de su obra 248r a 248v, dice:

> *Capítulo 16. Personas eminentes de esta ciudad que han florecido, en música, poesía y otras facultades y artes.*
>
> *En la pintura, ha habido hombres eminentísimos, el uno de ellos fue Antonio de Mohedano, otro segundo Miguel Ángel.*
>
> *El padre fray Alonso de Trujillo, religioso agustino admirable en los pinceles.*
>
> *Juan Vázquez excelentísimo pintor; Gabriel Ortiz y otros muchos.*
>
> *En escultura fue muy estimado y conocido Juan Bautista del Castillo por uno de los más eminentes escultores de España, hizo muchas obras en que su nombre pudo eternizarse. Le imitan sus dos hijos don Francisco del Castillo en pintura y don Antonio su hermano en la escultura.*

Al margen:

> *Antonio de Rivera, de edad de 24 años hizo toda la escultura del convento de San Juan de Dios, sin dibujar, ni tomar compas para nada de tan peregrina obra, dando el solo que trabajar a seis oficiales.*

El padre Cabrera, es un agustino, hijo de un escribano del número, autor además de esta obra, de un tratado sobre cómo curar la peste, enfermedad de la que murió en 1649.

El manuscrito no se difunde hasta treinta años después, es decir, hasta 1679, de la mano de un canónigo de la Real Colegiata, don Luis de la Cuesta. Del ejemplar se conocen distintas copias, todas ampliadas, corregidas y mejoradas, y la mayoría ya del siglo XVIII[2]. La más conocida es la conservada en el Archivo Histórico Municipal de Antequera, de 1798, que ha servido de elemento de trabajo para diversas generaciones de historiadores. Este ejemplar contiene añadidos de otro canónigo, José de Medina.

Todas estas aclaraciones son necesarias para de alguna manera entender de forma coherente las anotaciones que se hacen sobre artistas como Antonio de Ribera, muy posterior al autor y que evidentemente no llegó conocer ni al padre ni al hijo.

Sin embargo, la puerta abierta por el agustino será continuada por otros autores. Entre ellos, el primero será Francisco Barrero Baquerizo[3], que en su historia de Antequera de la que solo se conserva la segunda parte en sus folios 235r a 236r, aporta:

> *Capítulo XXXI. De otros insignes varones dotados del cielo en diferentes facultades, que no escribieron, hijos y naturales de Antequera. Antonio Mohedano, en la pintura se adelantaron sus pinceles a el famoso Apeles; fue contemporáneo del Racionero Cano, que siempre veneró a nuestro patricio y alabó sus obras. Vino de exprofeso a recrearse en su pintura, en tiempo que delineaba las dos láminas fronteras, que hoy están en la capilla mayor del Monasterio de San Francisco de la observancia, y fue admirado.*

---

2   Una de las más interesantes que se ha podido localizar es la conservada en la British Library, catalogada con la referencia: Egerton 422. *Descripcion de La Fundazion Antigüedad, Lustre y Grandezas de la Mui Noble Ciudad de Antequera*. El manuscrito está en dos tomos y es de finales del siglo XVIII, concretamente de 1791.

3   Francisco Barrero Baquerizo, fue un clérigo, vinculado a una de las cátedras que se impartían en el convento de franciscanos terceros de Nuestra Señora de los Remedios. De su obra solo se conserva de forma parcial el tomo segundo.

El padre fray Alonso de Trujillo, fue tan famoso pintor, que no debió su habilidad y pinceles cosa alguna a los mayores maestros; fue de la orden de San Agustín, y muy observante en su regla, y de vida muy ejemplar.

Juan Bautista del Castillo, fue muy estimado de los eminentes escultores de España; hizo muchas obras en que su nombre vivirá siempre eternizado.

Antonio de Rivera, de edad de 24 años hizo toda la escultura del convento de San Juan de Dios, y Belén, sin dibujo, ni tomar compas para ello de tan peregrinas obras, dando el solo que trabajar a seis oficiales, ninguno le igualó.

Antonio de Rivera su hijo, que de presente vive, adelantó a su padre en los primores y largueza de manos. Son manifiestas sus obras, hizo los retablos de la cofradía del Socorro en su capilla de Nuestra Señora, de donde era hermano y devoto; y de presente está obrando en el de los Remedios, que no tiene acabado por llamarlo con empeño para toda Andalucía.

Pablo Burgueño, fue de los más selectos artífices, arquitecto en su profesión, y lapidario que pudo conocer su escuela; hizo el claustro de San Agustín, de tan admirable vista, que parece alcázar de León, pues otro ninguno le remea en su ser y alegría. En Sevilla hizo el coro de los reverendos terceros de San Francisco y la nombrada escalera de aquella casa, que parece propia de Jacob. Es con efecto maravilla del mundo y sin igual, ni que en tal haga, pues parece que es mero naturaleza, en su artífice, y cerró los sentidos a la imitación.

Andrés Burgueño su nieto, fue en todo su heredero, y hoy de presente acaudala más fama, con tanta admiración, que solo una pellada suya, en vasto parece en su lustre y ser, limpios esmaltes o líneas bordadas del famoso pintor Miguel Ángel. Ha hecho en esta ciudad la capilla del Socorro, los camarines de Nuestra Señora de los Remedios y Rosario, y el del altar mayor en dicho convento, la obra y cuarto de la Compañía, y la iglesia de la Concepción, la de las Huérfanas, y hoy de presente la de Santa Catalina; y ha enmendado la de San Juan de Dios, y Caridad, que sacó su primer artífice imperfectas. Hizo también la celebérrima torre de la Santa iglesia insigne Colegial de San Sebastián, y acabo la con tan feliz suerte, que con ser obra de tanto espanto, y riesgo, no costó una gota de sangre, y él de agradecido a Dios y a nuestra Señora del Rosario, a quien le encomendó la obra, le tributa en obsequios rendidas alabanzas en una fiesta de toda por su vida desde entonces; la que hace con ella novena en su santo octavario de octubre, que no ha faltado hasta el presente.

Se redacta esta historia entre 1725 y 1732, siguiendo la línea del padre Cabrera, y presenta datos más concretos de los Ribera. La misma añade como novedad la saga de los alarifes Burgueño, coetáneos suyos.

Por último, es necesario conocer un tercer autor. De este modo, tenemos uno del siglo XVII, otro del siglo XVIII y este que es de principio del siglo XIX, Manuel Solana[4], que en el folio 128r del tomo primero de su *Historia de Antequera* nos deja que:

En la pintura ha habido nombres eminentísimos el uno de ellos fue Antonio Mohedano de la Gutierra, el padre fray Antonio de Trujillo religioso agustino admirable en los pinceles Antonio Gómez y don Andrés Gutiérrez, que ha sido el único de estos tiempos, no habién-

---

4   Manuel Solana Obando, es un rico hombre vinculado a la nobleza local, maestrante de Ronda y casado con una hija del marques de la Peña de los Enamorados. Fallece en 1821.

dose conocido en el Andalucía semejante habilidad y murió en el año 1763. Juan Vázquez, excelentísimo pintor, Gabriel Ortiz y otros muchos como Carvajal, Torres Torcuato, Muñoz excelentísimos en estos tiempos.

En escultura fue estimado y conocido Juan Bautista del Castillo, por uno de los eminentes escultores de España ha hecho muchas obras en que su nombre pueda eternizarse. Igualmente los Carbajales, padre e hijo, los Marques, padre e hijo, habiendo hecho en este pueblo esculturas las más primorosas y meritorias.

Como vemos este tercer autor supone la ampliación de la plantilla de artistas. Es claro que no están todos los que fueron, imaginamos que en algún caso por no ser del gusto o consideración del autor se olvidan nombres, o bien simplemente no son considerados trascendentes para ser incluidos en una historia local, textos de un gran peso social y donde se medía escrupulosamente sus contenidos.

Las conclusiones que se derivan de estos textos, es la importancia y valor que sus autores dan al mundo creativo antequerano, tanto como para dejar testimonio en sus obras de ellos en unas épocas en que lo que prima son otros conceptos.

Para concluir este capítulo, añadiré una breve reseña recogida en la historia del agustino padre Cabrera, en la que nos da una información vital como veremos más adelante. Nos remitimos al folio 158 r, en uno de los capítulos dedicados a la ermita de Santiago Apóstol en la que describe su contenido de esta forma:

A el lado de la epístola está otro altar, que han dedicado los pintores de esta ciudad para su patrón el evangelista San Lucas [...].

El texto necesariamente es un añadido del primer copista, el canónigo Luis de la Cuesta, ya que relata esta descripción aludiendo sobre la reforma integra de esta iglesia de Santiago que fue en 1677, fecha a la que también se indica. Este breve texto nos da la vía para pensar que los pintores de alguna manera estaban agrupados gremialmente o bien tenían constituida una congregación o una hermandad, al igual que los alarifes y carpinteros en torno a San José, en este caso en el Real Monasterio de franciscanos observantes de San Zoilo.

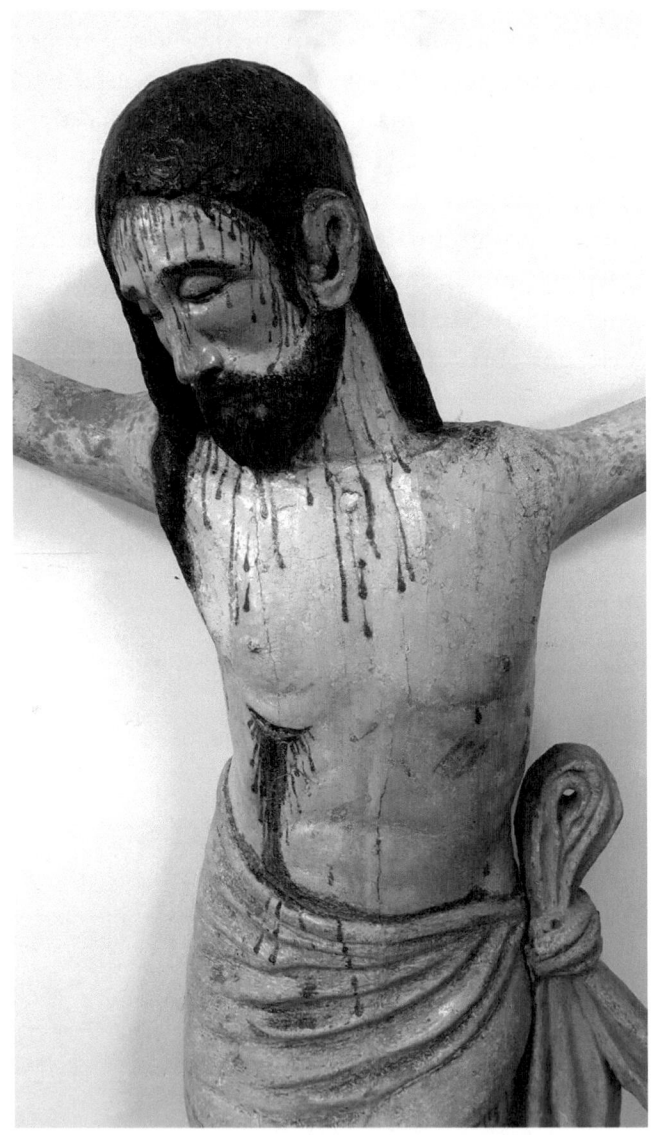

Cristo de las Suertes (siglo XV).
(A.H.M.A. Fondo Fotográfico)

EL CÍRCULO ANTES DEL CÍRCULO. 1406-1550

Todo como la creación del mundo bíblico tiene un principio un origen primario. En el caso que vamos a abordar en las siguientes páginas todo comienza en 1406.

Será a comienzos del siglo XV, concretamente en torno a 1406, y previa por tanto a la incorporación de Antequera a la corona de Castilla, cuando tengamos la primera referencia a una obra escultórica, en este caso relacionada o vinculada con nuestra ciudad, me estoy refiriendo a la talla de un cristo crucificado conocido como el Santo Cristo de las Mercedes.

Esta talla conservada en el antiguo convento de mercedarios de Córdoba, hoy sede de la Diputación Provincial de esa capital, supone la primera pieza conocida vinculada a Antequera.

Se trata de una escultura que ha sido relativamente bien estudiada, por los doctores Juan Aranda Doncel[5] y Julián Hurtado de Molina Delgado[6], y que se vinculaba a un relato que aparece en las *Crónicas de la Orden Mercedaria de Córdoba*, un manuscrito conservado en la Biblioteca Nacional[7] y datado en 1416.

---

5   ARANDA DONCEL, J. Órdenes religiosas y devociones populares en Córdoba. Los mercedarios y el Cristo de las Mercedes (1236?-1835). Córdoba, 2002.

6   HURTADO DE MOLINA DELGADO, J. *Los Mercederarios de Córdoba: el rescate de cautivos y los bienes y rentas para la redención en el siglo XVIII.* Córdoba, 2003.
«Un Crucificado antequerano en Córdoba: la imagen del Santo Cristo de las Mercedes». *Revista de Estudios Antequeranos.* Nº 18, pp. 109-121. Antequera, 2015.

7   Biblioteca Nacional. Mss. 3.600. Folio 294.

En el texto se recoge como un mercedario, fray Juan de Granada estando en la ciudad de Antequera, ve como unos musulmanes pretenden quemar la imagen del cristo, ofreciendo el fraile comprarla, lo que consigue y la lleva a su convento en Córdoba, donde en la actualidad permanece.

Es evidente que esta imagen, cuyos orígenes nadan entre la leyenda y la realidad, difícilmente pudo haber sido tallada en Antequera, a la que le une una simple vinculación circunstancial, en principio, pero había que aludir a esta escultura como la más antigua relacionada con Antequera.

Uno de los periodos más oscuros de la historia de Antequera, es el referido al siglo XV, tan solo los relatos recogidos en la historiografía y todos vinculados a la toma de la ciudad por el Infante don Fernando, nos dan luz sobre este interesante e importante siglo, aunque hay que reconocer la existencia de algunos trabajos puntuales, falta aún el gran análisis en conjunto de este periodo.

Posiblemente una de las grandes dificultades para abordar la cuestión sea la poca documentación conservada y que hace complejo profundizar en este periodo. A nivel Archivo, tan solo hay actas capitulares a finales del siglo XV, y la única serie más completa es la de autoridad supramunicipal que si contiene un significativo número de provisiones, reales cedulas albalá y otros documentos expedidos por la corona.

Si esta es la situación en cuanto al análisis histórico, en el ámbito de la historia del arte es muy similar. Aquí nos encontramos con trabajos parciales aparecidos en diversas publicaciones, donde se aborda el estudio de piezas sueltas[8]. El primer y **único** trabajo global que se ha realizado, y este solo, sobre la escultura antequerana del siglo XV, es muy reciente, concretamente de 2016 y se debe a la aportación del Dr. Antonio Rafael Fernández Paradas[9], quien realiza un análisis pormenorizado de las distintas piezas conservadas de este periodo, por otra parte muy escasas, como ya hemos indicado, pero muy interesantes, tanto por la variedad iconográfica, como por la calidad y técnica de ejecución.

Como señala en su trabajo el profesor Fernández Paradas, las piezas conservadas en Antequera tienen un doble valor, al ser prácticamente las únicas de ese periodo conservadas en la provincia de Málaga. Las obras reseñadas en este trabajo son: Virgen Esperanza[10]; Cristo de la Salud[11]; Salvador[12]; Cristo de

---

8   La mayoría de estos trabajos aparecen publicados en semanarios y revistas de ámbito cofrade, con un impacto de difusión relativamente corto, posiblemente esa sea una de las causas de la difusión de este «círculo». Sin embargo más modernamente, hay que reseñar la importante apuesta que algunos investigadores han realizado preocupándose por difundir, esta producción artística, donde cabe destacar a los doctores Juan A. Sánchez López, Antonio R. Fernandez Paradas y al historiador del arte Jesús Romero Benítez.

9   FERNÁNDEZ PARADAS, A. R. «Escultura antequerana del siglo XV: de la formas góticas al incipiente renacimiento». *Revista Antequera Cofrade* nº 3. Antequera, 2016.

10   Colegiata de San Sebastián, realizada hacia 1410.

11   Principios del siglo XV. Iglesia conventual de Belén.

12   José Luis Romero Torres, «La escultura y el patrimonio artístico de las colegiatas de Antequera», VV. AA., *La Real Colegiata de Antequera. Cinco Siglos de Arte e Historia (1503-2003)*. Málaga: Ayuntamiento de Antequera, 2004, pág. 159. La única noticia que tenemos de esta primitiva imagen nos viene de un dato ofrecido por Romero Torres, que nos dice que «a comienzos del siglo XX, la imagen medieval del Salvador se trasladó a la capilla del Seminario malagueño donde se destruyó en el incendio de 1931».

las Suerte[13]; Virgen del Socorro[14]; Crucificado[15]; Santa Lucia[16]; y por último, la Virgen de los Remedios[17], la patrona mariana de la ciudad. No vamos a entrar en más, ya que a aquellos interesados en profundizar en el tema les recomiendo la lectura del trabajo indicado.

Esta alusión a esta producción artística aunque obvia, era necesaria, ya que se trata de las piezas conservadas. Pero, ¿y el resto?, generalmente las obras artísticas de cualquier disciplina no conservada, no ha generado el más mínimo interés, sobre todo en las Tierras de Antequera, dando la sensación de una falsa improductividad, y una imagen que para nada tiene que ver con la realidad de la Antequera de la primera mitad del siglo XVI. Precisamente será en este periodo temporal cuando la ciudad se desarrolle y comience a tener la estructura urbana que perdurará en el tiempo y comenzará a levantar los importantes templos que de tanta personalidad la dotan. Por otra parte en estas primeras cinco décadas se asentarán casi todas las órdenes religiosas que fundaran convento o monasterio, es decir, se construirá esa ciudad de Dios, a la que tan bien retrató el doctor

---

13 Anónimo. Cristo de las Suertes. Finales del siglo XV. Iglesia de los Remedios. Antequera. Esta importante escultura de brazos articulados, está siendo en la actualidad sometida a una importante intervención de restauración en los talleres municipales, por parte de la restauradora y académica doña María Isabel Olmedo, que paralelamente está realizando una importante labor de indagación e investigación sobre los orígenes de esta escultura, que próximamente confiamos sean publicados.

14 Virgen del Socorro del Carmen. Hacia 1500. Iglesia del Carmen. Antequera.

15 Anónimo. Crucificado. Comienzos del siglo XVI. Museo Municipal de Antequera. Procede de la iglesia de San Juan de Dios de Antequera.

16 Anónima. Santa Lucia. Finales del siglo XVI. Museo de la Ciudad de Antequera.

17 Anónima. Principios del XVI. Iglesia de Nuestra Señora de los Remedios. Antequera.

y catedrático don Antonio Parejo Barranco[18]. Una ciudad que marcará el pulso de un espacio territorial singular. Antequera para muchos autores parece nacer y detenerse en el siglo XVIII, nada que ver con la realidad.

El círculo artístico antequerano se desarrolla con plena personalidad a partir del último cuarto del siglo XVI, pero no surge como una generación espontánea. La construcción de la Antequera de la Edad del Ingenio, comenzará mucho antes, dejando un claro testimonio del empuje creativo e intelectual que dará pie a la configuración y establecimiento de ese círculo.

La circunstancia del largo periodo en que Antequera, jugará un importante papel en la frontera con el reino de Granada, prolongará su condición de espacio estratégico, prácticamente replegado entre sus muros, aunque ya a partir de 1487, se van configurando un importante número de arrabales, en una necesaria y casi obligada expansión hacia la vega[19]. Pero no será hasta la total finalización de la guerra en 1492, cuando la ciudad comience su desarrollo pleno.

En lo referente al mundo de las artes plásticas podemos establecer en una artificiosa línea del tiempo una fecha y un espacio: la fundación del Real Monasterio de San Zoilo por los

---

18   PAREJO BARRANCO, A. *Memorias de la ciudad de Dios.* Antequera, 2006.

19   Así se deduce de dos obras *Callejero de Antequera* del doctor Juan Manuel Moreno García y de la tesis doctoral, de su sobrino Juan Luis Moreno López, obra inédita de la que se conservan solo varios ejemplares mecanografiados. Ambos trabajos aportan una importante y fundamental información sobre la estructuración de la ciudad en los inicios del siglo XVI.

franciscanos observantes en 1500[20]. Tan solo 3 años más tarde en 1503, se constituirá la Real Colegiata de Antequera. Serán las dos grandes obras que marcarán el inicio del fructífero siglo XVI.

El conocimiento en profundidad de la primera mitad del siglo XVI, es muy escaso a pesar de la existencia de fuentes documentales suficientes[21]. La dificultad de la lectura de la documentación de esta época, a la falta de interés por parte de los investigadores, en trabajar en espacios territoriales distintos a la capital, han ido sumando razonadas premisas que falsamente justifican esta falta de interés por parte de la comunidad científica.

Nosotros prácticamente tan solo vamos a aportar en este capítulo una serie de referentes muy básicos pero que pensamos pueden ser suficientes en un principio para bosquejar este periodo de tiempo y dar un perfil de las posibilidades de investigación en este sentido, que es de lo que en realidad se trata.

Además de los hitos fundamentales señalados anteriormente, los nuevos barrios que sobre todo en la última década del siglo XV se van configurando, se datorán de unos espacios ineludibles para atender los servicios y necesidades espirituales de los

---

20 A.H.M.A. Fondo Municipal. Legajo nº 34, carpeta nº 221. Fernando e Isabel, Reyes de Castilla y Aragón. Real Provisión al Concejo, Justicia, regidores, caballeros, escuderos, oficiales y hombres buenos de la ciudad de Antequera dando licencia para que se edificase un monasterio de la orden de San Francisco en un sitio señalado por el Concejo. Granada. Huella de sello de placa. El documento está fechado el 19 de septiembre de 1500.

21 De esta primera mitad del siglo XVI, se conserva completa la serie de Actas Capitulares, del Fondo Municipal, al igual que la serie de autoridad supramunicipal del mismo Fondo y por supuesto una herramienta fundamental, los Protocolos Notariales, en un perfecto estado de conservación, y con la sub-serie de índice de otorgantes del 90 % de los registros. Entre 1495 y 1548, se crean en Antequera 10 escribanías del número.

numerosos inmigrantes que iban ocupando y afincándose en el territorio urbano.

Estos nuevos espacios no serán otros que los viejos arrabales que se crearon en torno a las salidas o caminos naturales de acceso a la ciudad, donde se levantó un nutrido grupo de ermitas, como la de San Sebastián el viejo, Belén, Vera Cruz o Santa Catalina.

Estas ermitas años después serán ocupadas por distintas órdenes religiosas que establecerán primero sus comunidades y posteriormente sus monasterios y conventos.

Todo ello acarreará una evidente necesidad de canteros, alarifes, carpinteros, en primer lugar para construir estas primitivas ermitas y posteriormente transformarlas en los correspondientes conventos. Paralelamente irán asentándose de igual manera, pintores, doradores, escultores y plateros. Será el germen del círculo artístico antequerano.

El más importante grupo de maestros canteros que se asentaran en nuestra ciudad será sin duda los Azurriola, se trata de un grupo de vascos procedentes del lugar de Guizaburuaga, en Vizcaya, que vendrán atraídos por el fulgor constructivo de Antequera. Primero llegarán, Domingo, Juan, Martín y Pablo Azurriola, quienes participarán de una u otra forma en todas las grandes obras, sus descendientes Ortuño, Martín y sobre todo Francisco, constituirán una segunda generación que enlazará con ese círculo artístico, donde jugará un papel fundamental, como más adelante veremos.

La obra primordial de este periodo, será la construcción de la Real Colegiata, en ella participarán en las diversas fases, importantes alarifes y canteros. Estudiada en gran medida por la doctora de la Universidad de Málaga Rosario Camacho[22], tan solo anotaremos un par de nombres sobresalientes en la primera etapa, es decir, entre 1503 a 1540, como son maese Pedro López y maese Enrique Egas. A partir de 1550, se reanudarán las obras, con la terminación de la fachada[23] y la fábrica del artesonado, esta última, encargada al artífice Juan de Alexios en 1552, que según el documento fue también el autor de la armadura de la iglesia de San Francisco en el Monasterio de San Zoilo[24]. Esta reanudación de obras será un imán que atraerá sobre todo a numerosos canteros, que eran necesarios para concluir el proyecto, como además del grupo familiar de los Azurriola, tendremos a Diego Martin, Pedro Fernandez, Hernando de Zavala, entre otros muchos.

Además de esta obra fundamental, los grandes conventos que se han ido acoplando en la ciudad, siguiendo las directrices de Trento dadas a las órdenes de asentarse dentro de los núcleos urbanos, están terminando sus fábricas, al igual que la red parroquial, así por ejemplo sabemos que en 1547, la iglesia de San Sebastián acomete el enmaderamiento de sus tres naves[25]. En

---

22 La profesora Rosario Camacho, tiene publicados diversos trabajos sobre este tema, el último fue su colaboración en la obra colectiva: *La Real Colegiata de Antequera. Cinco siglos de arte e historia (1503-2003).*

23 A.H.M.A. Fondo Protocolos Notariales. Escribanía de Alonso Nieto. Legajo 1.794, folio 599r. Se trata de un contrato entre el racionero Cristóbal de Villalta, compra 400 carretadas de piedra para esta obra. Las referencias a la compra de materiales para la terminación aparecen constantemente en este protocolo, cabe destacar la escritura en este mismo protocolo y año entre los folios 266r a 279v.

24 A.H.M.A. Fondo Protocolos Notariales. Escribanía de Alonso Nieto. Legajo nº 1.796, folio 326r.

25 A.H.M.A. Fondo Protocolos Notariales. Escribanía de Francisco Priego. Legajo nº 606, folio 1.367r.

1548, se inician las obras de construcción del nuevo convento de Santa Catalina, de padres agustinos, que abandonan su ubicación en las afueras de la ciudad, para trasladarse junto al lugar conocido como la «peña gorda», en la collación de la parroquia de San Sebastián, así sabemos que el alarife Pedro Sánchez, que dirigirá la primera fase de esta obra contrata con unos arrieros el traer 50 carretadas de piedra de la cantera del Cerro de la Horca[26]. O como en el primitivo convento de padres carmelitas, estos le encargan un púlpito, para su recién terminada iglesia al carpintero Miguel Trasierra[27].

La información que tenemos sobre los artífices residentes en Antequera, de los tres primeros cuartos del siglo XVI, es muy desordenada y tremendamente escasa, a pesar del volumen productivo, añadiremos tan solo unas pinceladas con algunos nombres que pueden abrir futuros caminos de investigación, así tenemos al pintor Pedro Fernández en 1506, actuando como testigo en un testamento[28]. En 1509, protocoliza diversas escrituras de censos y arrendamientos ante el escribano Juan Fernandez Vilorado[29], este artista lo tenemos localizado al menos hasta 1528[30]. Al primer entallador que tenemos de

---

26 A.H.M.A. Fondo Protocolos Notariales. Escribanía de Alonso Nieto. Legajo nº 1.794, folio 304r.

27 A.H.M.A. Fondo Protocolos Notariales. Escribanía de Alonso Nieto. Legajo nº 1.794, folio 83r.

28 A.H.M.A. Fondo Protocolos Notariales. Escribanía de Fernando de Molina. Legajo nº 412, folio 438r a 439r.

29 A.H.M.A. Fondo Protocolos Notariales. Escribanía de Juan Fernández Vilorado. Legajo nº 1.313, folio 37r.

30 A.H.M.A. Fondo Protocolos Notariales. Escribanía de Alonso de Torres. Legajo nº 1.327, folios 69r, 71r y 73r, se tratan de varias escrituras sobre un censo, que si bien no hablan de su producción si de su vida cotidiana.

momento documentado es Alexio Hernández, que en 1507 ejecuta una talla de Nuestra Señora[31]. Debió tener un hijo del mismo nombre ya que en 1570, hemos localizado una escritura en la que una mujer, Francisca de Ortega, declara ser viuda del entallador Alexio Hernández[32], por lo que cronológicamente estamos hablando de dos personas distintas. La escritura de la obra es muy parca, lo que hace imposible ni siquiera una breve descripción de la pieza y menos de su posible ubicación. En 1514 otro entallador que localizamos es Pedro Ximénez, quien dice ser vecino de Lucena[33], Alonso Hernández en 1525. Damos un salto temporal y nos situamos en 1548, año en que el imaginero Juan Ramirez, arrienda una casa en la collación de la Parroquia de San Pedro[34]. En 1549, tenemos a dos entalladores a Alonso Martín y a Esteban Sánchez[35]. Por último, en 1551 localizamos una escritura de aprendizaje entre Cristóbal Rodríguez y el imaginero Juan Pérez[36].

No tenemos obra, pero tenemos nombres y encuadres cronológicos, algo fundamental para comenzar a trabajar.

---

31 A.H.M.A. Fondo Protocolos Notariales. Escribanía de Fernando de Molina. Legajo nº 412, folio 859r.

32 A.H.M.A. Fondo Protocolos Notariales. Escribanía de Alonso Nieto (el viejo). Legajo nº 1.852, folio 1.525r.

33 A.H.M.A. Fondo Protocolos Notariales. Escribanía de Alonso de Torres. Legajo nº 1.283, folio 238r.

34 A.H.M.A. Fondo Protocolos Notariales. Escribanía de Alonso Nieto (el viejo). Legajo nº 1.794, folio 416r.

35 A.H.M.A. Fondo Protocolos Notariales. Escribanía de Francisco Priego. Legajo nº 212, folio 88r.

36 A.H.M.A. Fondo Protocolos Notariales. Escribanía de Alonso Nieto (el viejo). Legajo nº 1.796, folio 193r.

Sobre los pintores localizados, el número es más enriquecedor aunque igualmente poca información nos aportan de momento sobre su aporte al patrimonio artístico de la ciudad. Además del mencionado Pedro Hernández, tenemos a Jerónimo en 1507, concretamente hemos localizado su testamento[37], pero que además de las mandas por la salvación de su alma, poco más aporta, salvo una referencia a que le adeudan un cuadro de Nuestra Señora. Pedro de Sandoval, documentado en 1514. Cristóbal Rodríguez, a este pintor lo tenemos localizado entre 1528[38] y 1547, sabemos que su padre, también pintor, se llamaba Pero Sánchez[39]. En 1542, le tenemos localizado un arrendamiento[40], y también en 1528 la compra de un asno[41]. Finalmente, señalar que un hijo suyo Servan Rodríguez, también seguirá los pasos de su padre y de su abuelo, ejerciendo en nuestra ciudad como pintor, así tenemos documentada su carta de dote en 1547[42], y una carta de servicio en 1548[43].

---

37   A.H.M.A. Fondo Protocolos Notariales. Escribanía de Fernando de Molina. Legajo nº 412, folio 859r.

38   A.H.M.A. Fondo Protocolos Notariales. Escribanía de Alonso de Torres. Legajo nº 1.327, folio 16v.

39   A.H.M.A. Fondo Protocolos Notariales. Escribanía de Francisco Priego. Legajo nº 606, folio 1.173r.

40   A.H.M.A. Fondo Protocolos Notariales. Escribanía de Francisco Priego. Legajo nº 1.354, folio 213.

41   A.H.M.A. Fondo Protocolos Notariales. Escribanía de Fernando Sánchez. Legajo nº 1.452.

42   A.H.M.A. Fondo Protocolos Notariales. Escribanía de Alonso Nieto. Legajo nº 1.794, folio 6r.

43   A.H.M.A. Fondo Protocolos Notariales. Escribanía de Alonso Nieto. Legajo nº 1.794, folio 339r.

En este mismo periodo aparece también un tal Hernán García[44], con un poder, en el que indica ser viudo, en 1548 con otra escritura de arrendamiento manifiesta ser vecino de la Viñuela[45] y con un pago de rentas en 1547[46].

Melchor de Villalón, es otro pintor que documentamos en 1536, con una carta de reconocimiento de deuda[47]. Por último reseñamos un contrato de aprendizaje en 1535, por el que Pedro de Andújar, padre de Francisco, pone a su hijo en el taller del pintor Pedro Pérez, para que le enseñe el arte[48].

Aquí solamente hemos dado, unas pequeñas pinceladas, del caudal informativo que se atesora en el Archivo Histórico Municipal de Antequera, en su fondo de Protocolos Notariales y las posibilidades de investigación que se abren, de esta primera mitad del siglo XVI, apenas había nombres, en muchos casos, solo atribuciones. Esta aportación sin duda pone las bases para iniciar un más profundo conocimiento de un periodo olvidado, pero que cuenta con las herramientas necesarias para ser estudiado y sacado a la luz. El fulgor constructivo, y la calidad de los inmuebles de este periodo bien merecen, una más detenida observación, por parte de los historiadores del arte.

---

44   A.H.M.A. Fondo Protocolos Notariales. Escribanía de Alonso Nieto. Legajo nº 1.913, folio 353r.

45   A.H.M.A. Fondo Protocolos Notariales. Escribanía de Alonso Nieto. Legajo nº 1.794, folio 480r.

46   A.H.M.A. Fondo Protocolos Notariales. Escribanía de Andrés de Córdoba. Legajo nº 606, folio 844r.

47   A.H.M.A. Fondo Protocolos Notariales. Escribanía de Fernando Sánchez. Legajo nº 1.475, folio 318r.

48   A.H.M.A. Fondo Protocolos Notariales. Escribanía de Fernando Sánchez. Legajo nº 1.475, folio 29r.

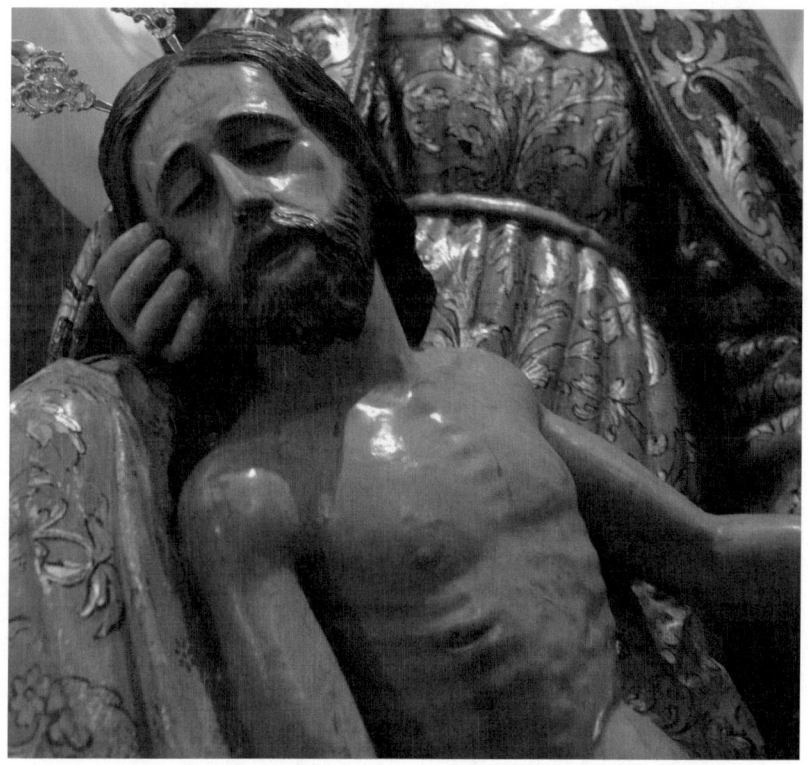

Quinta Angustia. Detalle del Cristo. Primera década del siglo XVI
(imagen cedida por la Cofradía de la Soledad, José Carlos Jiménez Galán).

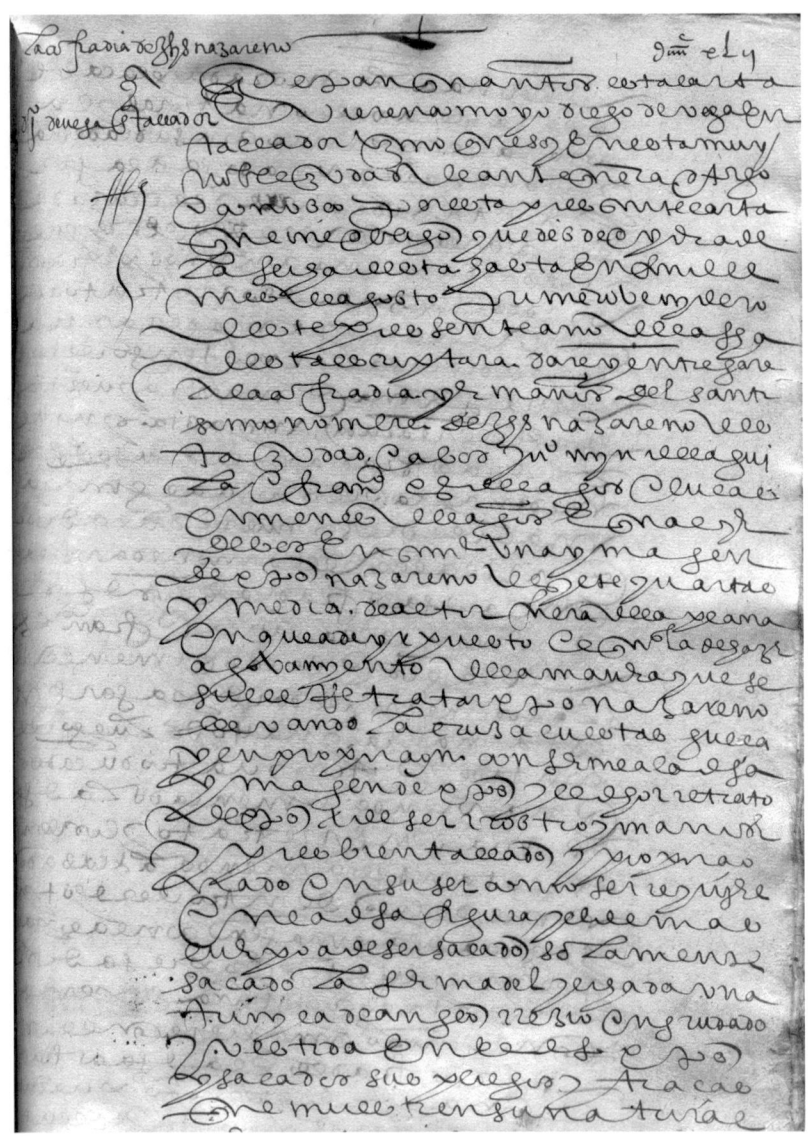

Contrato entre el escultor Diego de Vega y la Cofradía del Dulce
Nombre de Jesús de Antequera, 1581. (A.H.M.A. Fondo Fotográfico)

LOS ARTÍFICES DEL CÍRCULO (1570-1600)

Diego de Vega. Escultor

De todos los escultores documentados hasta ahora durante el último cuarto del siglo XVI en Antequera, destaca la figura de Diego de Vega. Fue sin duda la clave para conocer la existencia de este importante grupo de creadores hace veintiséis años. La localización de forma fortuita de una escritura de obligación en protocolos notariales, supone el descubrimiento de la figura de Diego de Vega, o mejor dicho de su recuperación, presume un auténtico hito para la historia del arte andaluz, al abrir una nueva puerta a la investigación: la existencia de este círculo.

A pesar de ello los datos biográficos con los que contamos en la actualidad son muy escasos.

Tenemos constancia de que fue hijo de un tal García Ruiz y de María de Vega. Contrajo dos veces matrimonio en nuestra ciudad: el primero fue el 6 de noviembre de 1575, en la iglesia parroquial de San Sebastián, con Luisa Rodríguez, hija de Andrés Morillo de Juan Rodríguez, actúan como padrinos Juan Alcaide y su mujer Inés Muñoz[49]. De este matrimonio nacerán

---

49   A.H.M.A. Fondo Parroquial. Libro 502, folio 40v.

tres hijos: María, nacida el 17 de noviembre de 1575[50]; Luisa el 4 de septiembre de 1580[51]; y Juan el 10 de diciembre de 1581[52].

Luisa Rodríguez aportó dote, que protocolizó dos años después de su matrimonio; es decir, el 8 de noviembre de 1577, valorándose todo el ajuar en la suma de 29.974 maravedíes[53].

Esta su primera mujer debió fallecer con el nacimiento de su tercer hijo o al poco tiempo, ya que el 29 de agosto de 1583, contrae nuevo matrimonio, esta vez con Isabel de Reina, hija de Cristóbal López de la Cuesta y de Luisa Márquez. La ceremonia se celebra en la parroquia de San Pedro, Isabel de Reina, contrajo matrimonio con 19 años[54].

A partir de aquí no hemos vuelto a localizar más información sobre este escultor. En cuanto a sus obras, tenemos documentadas las siguientes.

El primer trabajo localizado es la hechura de un retablo que contrata con el racionero Juan de Aguilar el 18 de marzo de 1577, para su capilla en la iglesia de la Real Colegiata de Santa María la Mayor. Se trata de una ensambladura de 4'17 m por 2'50 m, con 9 tableros de talla de medio relieve distribuidos en tres calles representando de abajo a arriba y de izquierda a derecha, en el primer cuerpo: a San Bartolomé; un crucificado con San Juan, la Virgen y la Magdalena al pie de la Cruz; San Miguel. En la calle central: Santa Catalina; una Purificación; Santa Lucía. Y en el cuerpo superior: un Jesús en el momento

---

50   A.H.M.A. Fondo Parroquial. Libro 20, folio 234r.

51   A.H.M.A. Fondo Parroquial. Libro 21, folio 16r

52   A.H.M.A. Fondo Parroquial. Libro 21, folio 34v.

53   A.H.M.A. Fondo Protocolos Notariales. Escribanía de Alonso Gómez Adalid. Legajo nº 550.

54   A.H.M.A. Fondo Parroquial. Libro 328, folio 163v.

de ser crucificado; un Nazareno; un Cristo amarrado a la columna con unos sayones azotándolo. Se remataba el conjunto con un frontispicio con una imagen de un Cristo Resucitado. El precio pactado para la obra fue de 124 ducados y el plazo para su ejecución de año y medio[55].

El 18 de diciembre de 1577 Juan Rodríguez Palomero, vecino de Archidona, encarga a Diego de Vega la hechura de un crucificado de cinco cuartas de alto por precio de diez ducados[56].

El 17 de enero de 1578 contrata con Juan González, vecino de Antequera, un retablo de tres cuerpos para la Iglesia del Colegio de Santa María de Jesús[57]. Las medidas de este retablo eran de 2,50 metros de alto por 1,88 metros de ancho: en el banco llevaba tres tallas en medio relieve representando a Santa Lucía, Santa Catalina y una Magdalena; en el cuerpo central cuatro columnas estriadas, encuadrando las imágenes también de medio relieve de un San Francisco penitente, un San Antonio y una Santa Isabel de Hungría; el ático estaba formado por dos columnas que cargaban un medio punto adornado con siete serafines, en el centro del cual y debajo del frontis, se ubicaba un crucifijo con un San Juan y una Dolorosa a los lados, y en los extremos las imágenes de San Lorenzo y San Gregorio. El precio pactado fue de cuarenta y ocho ducados. Este retablo no se conserva en la actualidad.

---

55   A.H.M.A. Fondo Protocolos Notariales. Escribanía de Alonso de Aguilera. Legajo nº 994, folios 413r a 415v.
56   A.H.M.A. Fondo Protocolos Notariales. Escribanía de Alonso Gómez Adalid. Legajo nº 550.
57   A.H.M.A. Fondo Protocolos Notariales. Escribanía de Alonso Gómez Adalid. Legajo nº 164, folios 22r a 24r.

En 1578, Pedro Fernández de Lemar, Marcos Jiménez Lozano y Juan Fernández de Astorga, vecinos de Archidona, convienen con el entallador Diego de Vega la hechura de un crucificado, una dolorosa, un sepulcro, tres pares de parigüelas y una cruz con su calvario por precio de treinta y dos ducados. Se trata de las imágenes que hoy procesiona la Cofradía de Nuestra Señora de la Soledad y Santo Entierro de la citada localidad de Archidona y que, durante tanto tiempo, han estado atribuidas al imaginero Pablo de Rojas[58], por el profesor Emilio Orozco, entre otros muchos historiadores y críticos de arte. Cristo aparece clavado en la cruz y muerto, en 1720 y por necesidades de culto, se le articulan los brazos. La imagen de Nuestra Señora de la Soledad, muy retocada hoy, sufrió un incendio en 1911, salvándose la cabeza y manos, siendo restaurada en dos ocasiones.

Los hermanos de la Cofradía del Nombre de Jesús de Antequera, Juan Mir del Águila y Lucas Méndez encargan el 30 de marzo de 1581 a nuestro entallador una imagen de Cristo Nazareno, llevando la cruz a cuestas. En el contrato se especifica que la talla se debe reducir a cabeza, pies y manos y que el resto del cuerpo tiene que ser de telas encoladas. No cabe la más mínima duda de que se trata del Nazareno que actualmente procesiona en la noche del Viernes Santo antequerano por la popular Cofradía de «Abajo»[59].

El 26 de enero de 1582, el mayordomo de la Cofradía del Santo Crucifijo, del convento de San Agustín de Antequera,

---

58   A.H.M.A. Fondo Protocolos Notariales. Escribanía de Alonso Gómez Adalid. Legajo nº 164, folios 300r a 300v.
59   A.H.M.A. Fondo Protocolos Notariales. Escribanía de Benito Sánchez Herrero. Legajo nº 1.471, folios 942r a 943v.

firma un finiquito con Diego de Vega por la hechura de un Cristo Crucificado que la referida hermandad le había encargado y que estaba ya en su poder. Esta imagen es la que en la actualidad procesiona la Cofradía del Dulce Nombre de Jesús, bajo la advocación del Santísimo Cristo de la Buena Muerte y de la Paz.

> *[...] maria magaña bíuda muger quefue de luis verdugo vezina de la villa de teva le mando hazer Una ymaxen de nuestra señora con un tevernaculo y dos ymagenes pintadas en las puertas por prescío de treynta y ocho ducados [...]*[60].

También hemos localizado obra de Diego de Vega, en la localidad de la Roda de Andalucía, así el 2 de abril de 1582, se:

> *[...] obligo con marcos hernandez e xptoval diaz vezinos de la villa de La rroda de le dar fechas y acabadas dos ymagenes La una de señor san sevastian e la otra de señor santíago apostol bienfechas e acabadas La ymagen de san sebastían de cinco quartas e una ochava con su peana E la de Santiago de seys quartas con su peana apostolado vestido e dorado con todo lo que le conviene e ambas ymagenes Acabadas e puestas en perfecíon de todo punto hechas y acabadas Ia de San sevastian El dia de Santiuan dejunio primero venydero deste presente año E la de santiago en ocho dias antes del dia de santiago primero deste año Porque por las hazer los suso dhos mean de dar por*

---

60   A.H.M.A. Fondo Protocolos Notariales. Escribanía de Cristóbal Méndez. Legajo nº 384.

la de san sevastían diez y seis ducados E por la de santiago veynte y dos ducados [...][61].

La última obra documentada de momento de este escultor, la tenemos localizada en 1583 en la localidad en de Archidona[62], una vez más encontramos a este artista trabajando en ella, esta vez el trabajo lo encargan los licenciados Rodrigo Nuñez de Prados y Luis Barahona de Soto[63], y otros vecinos, quienes otorgan que:

> *[...] nos obligamos de dar e pagar a diego de vega vecino de la ciudad de Antequera, escultor que está presente e a quien por el fuere parte veinte y ocho ducados de la moneda usual por qué tiene de ser obligado a hacer una hechura de bulto de señor san rroque de madera de nogal de seis cuartas de alto sin la peana dorado todo el vestido y la capa burelada con una orlada y su sombrero de lo mismo con un letrero y la peana que se le dará y un ángel dorado y un perro [...].*

A partir del descubrimiento de este escultor, en estos 26 años, han aparecido algunos trabajos y muchas especulaciones, a pesar de la importancia que tiene, nadie ha procedido a tratar de indagar sobre el mismo en otros espacios, salvo el meritorio trabajo del mentado Manuel Garrido Pérez. Posible obra de Diego de Vega, podemos ubicarla en Guadix o en Priego

---

61 A.H.M.A. Fondo Protocolos Notariales. Escribanía de Benito Sánchez Herrero. Legajo nº 1.433, folios 554r a 555v.

62 Este documento ha sido facilitado por el historiador e investigador archidonés D. Manuel Garrido Pérez, al igual que otros que reseñaremos, y que gracias a su generosa aportación podemos mostrar hoy.

63 Archivo Municipal de Archidona. Fondo Protocolos. Escribanía de Sebastián de Cuadra. Legajo s/n, folios 200r a 200v.

de Córdoba. Sabemos también que residió una temporada en Úbeda, donde estuvo preso.

Desde el ámbito de la Universidad de Málaga, y por parte del doctor Juan Antonio Sánchez López, ha sido objeto de estudio su obra en base a esta documentación, además de los interesantes trabajos del doctor José Luis Romero Torres y las aportaciones del doctor Antonio Rafael Fernández Paradas. Pero falta ese vital impulso de investigación archivística en otros espacios territoriales.

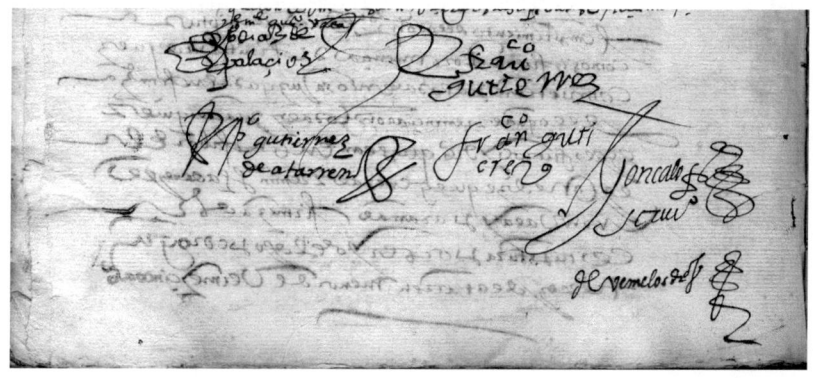

Firmas del arquitecto Pedro Diaz de Palacios; Francisco Gutiérrez Garrido y sus dos hijos Pedro y Francisco. (A.H.M.A. Fondo Fotográfico)

Francisco Gutiérrez Garrido. Arquitecto y escultor

La figura clave del Manierismo y Humanismo antequerano es el maestro Francisco Gutiérrez Garrido. Se trata de un importante personaje de la Antequera del siglo XVI, artífice material de una gran parte de la nueva ciudad, que irá germinando en torno a los planteamientos ideológicos que, en buena medida, surgirán del entorno de la colegiata y de diversos regidores y miembros de la oligarquía local de la época.

Desarrolló su labor como estuquista, maestro alarife y escultor[64]. En cuanto a su procedencia y datos biográficos, sabemos en la actualidad aún poco. Hecho que contrasta con la abundante información de su actividad laboral.

Está localizado en Antequera en un período cronológico de unos cuarenta años, entre 1572 y 1615 aproximadamente.

La primera noticia sobre este artista nos la facilita el escritor e historiador cordobés Rafael Ramírez de Arellano, en 1902, que lo incluye en un trabajo seriado bajo la denominación de «Artistas Exhumados», editado en el *Boletín de la Sociedad Española de Excursiones. Arte, arqueología, historia*[65]. Ramírez de Arellano dice de este maestro: «[...] Su nombre es un buen descubrimiento, porque era un escultor muy apreciable [...]», lo vincula a los trabajos de la talla de yesería del coro de la mezquita catedral de Córdoba, al haber localizado en los protocolos notariales, el documento de contrato entre el arquitecto Juan de Ochoa y

---

64   En diversos documentos aparece como arquitecto y maestro escultor.

65   Este estudio sobre artistas de todas las disciplinas, mayoritariamente vinculados a la ciudad de Córdoba, se estuvo publicando entre 1900 a 1904, generando dos series de trabajos, en el indicado Boletín.

Francisco Gutiérrez, donde se describe minuciosamente toda la labor a desarrollar[66].

Su actividad como alarife la inicia en Antequera, al realizar aquí su examen para ejercer el oficio. En un primer momento, en la década de los años setenta, lo encontramos vinculado como alarife mayor con todas las grandes obras de saneamiento que la ciudad emprende, así como con las de empedrado de calles y trabajos similares.

El primer documento, hasta ahora localizado que nos habla de Francisco Gutierrez, al que hemos aludido, es el acta de su examen como albañil[67], de fecha 20 de julio de 1572. En este documento manifiesta ser natural de Jaén. Este dato es fundamental, como más adelante veremos.

Sabemos que debió contraer matrimonio en primeras nupcias con Ana Vázquez, hija de José de Villareal y de Catalina Pérez Vallejo, sobre 1575, aunque no hemos podido localizar su partida sacramental de matrimonio en los fondos parroquiales del Archivo antequerano. En cambio sí se ha localizado la carta de dote, otorgada el 2 de febrero del indicado año[68]. Meses después en 1576 Francisco Gutierrez, protocoliza escritura de capital[69].

---

66 Manuel Nieto Cumplido, siguiendo a Rafael Ramírez de Arellano, da de igual manera noticia de los trabajos realizados por Francisco Gutierrez. NIETO CUMPLIDO, M. *La Catedral de Córdoba*. Córdoba: Publicaciones Obra Social y Cultural Caja Sur, 1998.

67 A.H.M.A. Fondo Municipal. Gremios. Libro n° 2.382.

68 A.H.M.A. Fondo Protocolos Notariales. Escribanía de Francisco Gutiérrez Álvarez. Legajo n° 2.733, folio 241r y siguientes.

69 A.H.M.A. Fondo Protocolos Notariales. Escribanía de Francisco Gutiérrez Álvarez. Legajo n° 2.790, folio 1.228r y siguientes.

En 1578 Ana Vázquez, dicta su testamento ante el escribano Gaspar de Torres[70]. La redacción del documento es muy simple y en el mismo solo reseña estar casada con el alarife, no haciendo mención a posible descendencia, ni dejando legado alguno, salvo las mandas de misas para la salvación de su alma. La no existencia en estas fechas de registros de enterramientos en las parroquias antequeranas, hacen imposible determinar la fecha de defunción de Ana Vázquez. De este matrimonio, nacerán dos hijos Isabel en 1575[71], y Marcos en 1578[72], coincidiendo con la fecha de su posible fallecimiento.

En 1582, localizamos que Francisco Gutiérrez contrae nuevamente matrimonio en esta ocasión con Luisa de Atarren[73], su inscripción aparece en la parroquia de San Pedro, este documento nos va a permitir abrir una interesante puerta, para dimensionar la figura de este alarife, la escueta información reflejada nos indica su estado de viudo y aporta los nombres de sus padres Francisco López e Isabel Rodríguez.

Este dato es fundamental para llegar a comprender la obra y trayectoria de Francisco Gutiérrez Garrido. El apellido López en Jaén y en el siglo XVI, está vinculado a un importante grupo familiar de maestros canteros, sobre los que el profesor de la Universidad Pablo de Olavide, el doctor Arsenio Moreno Mendoza realiza un profundo análisis abordando los orígenes familiares de Andrés de Vandelvira y su posible vinculación a la

---

70 A.H.M.A. Fondo Protocolos Notariales. Escribanía de Gaspar de Torres. Legajo nº 1.440, folio 171v y siguientes.
71 A.H.M.A. Fondo Parroquial. Libro nº 416, folio 108.
72 A.H.M.A. Fondo Parroquial. Libro nº 417, folio 5.
73 A.H.M.A. Fondo Parroquial. Libro nº 328, folio 158.

figura[74] de Maese Pedro, o Pedro López. Este cantero sabemos que entre otras cosas trabajó en la obra de la iglesia Catedral de Málaga, al menos hasta 1539, como maestro mayor, a la vez que ejerció igualmente la maestría en las obras de la Colegiata de Santa María de Antequera, también en estas fechas[75].

En cuanto a Francisco López, padre de Francisco Gutierrez Garrido y hermano de Maese Pedro lo ubicamos en las obras de la catedral de Sevilla. Esta relación parental justifica sin duda ese peculiar estilo empleado por Gutierrez Garrido tan italianizante tanto en su filosofía como en la ejecución y que tanto ha desconcertado hasta ahora a los investigadores del arte. Con esta aportación tratamos simplemente de abrir una posible línea de investigación futura.

Esta segunda esposa Luisa de Atarren, es hija de un importante maestro cantero vasco, Pedro de Atarren, del que hablaremos más tarde. De su matrimonio nacerán otros dos hijos, Francisco, del que no tenemos constancia documental de su inscripción de bautismo en Antequera, por lo que nos hace pensar que pudiera haber nacido en otra localidad; y Pedro

---

74   MORENO MENDOZA, A. La arquitectura del renacimiento ubetense a la muerte de Vandelvira. Boletín. Instituto de Estudios Giennenses Enero/Junio. 2009 – Nº 199 – Págs. 157-176. Jaén. 2009

75   Maese Pedro López, está documentada su presencia en Málaga entre 1530 y 1539, fecha en que fallece, también sabemos que estuvo casado con Leonor García, al menos en este periodo.

nacido en 1584[76]. Sabemos que en esta época, el matrimonio moraba en la calle Maderuelos[77].

Francisco Gutiérrez Garrido mantendrá un constante deambular por toda Andalucía, donde tenemos documentada su producción al menos hasta 1616.

Su primer gran trabajo documentado es el Palacio de los Marqueses de la Peña de los Enamorados, en 1574. Conocemos que al menos participa en la elaboración de la fachada principal, la construcción de las dos torres y la caja de la escalera con sus estucos, al haberlo contratado para ello don Antonio de Rojas:

> *[…] el hacer unas casas principales que posee en la calle de la Carrera [...] y continuar el dicho cuarto de casas y torres, así por dentro como por fuera [...]*[78].

En 1585, es decir, diez años después perfeccionará la obra, realizando una serie de mejoras. En concreto montará artesonados en diversas dependencias y tallará los yesos, como hemos dicho anteriormente, de la media naranja de la escalera principal de la casa palacio[79].

---

76 A.H.M.A. Fondo Parroquial. Libro n° 417, folio 175.

77 El edificio donde habitó Francisco Gutiérrez, era un inmueble de una gran extensión con salida a calle Diego Ponce y que en la actualidad se conserva, aunque totalmente remodelado en el siglo XVIII. Es conocido como Casa de los Colarte, que en la actualidad acoge un Museo de la Diputación Provincial de Málaga, dedicado a su colección de arte.

78 A.H.M.A. Fondo Protocolos Notariales. Escribanía de Gaspar de Torres. Legajo n° 21, folio 227r a 229v.

79 A.H.M.A. Fondo Protocolos Notariales. Escribanía de Juan Pérez Berrio. Legajo n° 940, folio 80 y siguientes.

Será a partir de este momento, y creemos que como consecuencia del desarrollo de esta importante obra, cuando Francisco Gutiérrez comienza a recibir encargos de una mayor envergadura. En este sentido cabe destacar la ejecución, junto con el maestro Francisco de Azurriola, del Arco de los Gigantes[80], este edificio, se plantea como un museo arqueológico público, el primero de su clase en la Península[81]. El trasfondo ideológico es claro, la ciudad y sus regidores con este edificio tratan de puntualizar la nobleza y antigüedad de la ciudad, haciendo recopilación de aquellos elementos que pueden hacer de fedatarios de ello.

No cabe duda de la importancia que supone el rescatar y recuperar los orígenes clásicos de la población, de acreditar su grandeza, pero más importante aún si cabe es el hacerlos públicos, el señorear esa pureza de origen antiguo y no musulmán.

La fábrica de la Puerta o Arco de los Gigantes es parte de un conjunto de actuaciones llevadas a cabo por el Cabildo de la Ciudad, encaminadas a modernizar las llamadas plaza de los

---

80   Hay una importante bibliografía sobre este edificio, sobre todo en la última década, sobre la que no vamos a profundizar. El documento fundamental, es un opúsculo, redactado en 1585 por el entonces titular de la cátedra de gramática de la Real Colegiata de Antequera, Juan de Mora, bajo el título de *Edificio en la ciudad de Antequera con las medallas antiguas halladas en ella*, la primera edición se realiza en Málaga en la referida fecha, del que solo se conserva un ejemplar en la Biblioteca Colombina. Posteriormente en 1719 se realiza otra edición a cargo de Albertus Henricus de Sallengre, del que se conserva igualmente un ejemplar en la Biblioteca pública de Hamburgo.

81   En este sentido existe una importe bibliografía que analiza este asunto, destacando los trabajos del doctor Rafael Atencia Paez, publicado en Jábega, núm. 35, 1981, (Málaga), págs. 47-54, *El Arco de los Gigantes y la epigrafía antequerana*. El estudio del profesor de la Universidad de Sevilla Vicente Lleó Cañal, *Los usos de la Antigüedad: colecciones arqueológicas en la España del Renacimiento,* publicadas en Reales Sitios. Revista del Patrimonio Nacional, número 156, págs. 31-43.

Escribanos y plaza de la Feria, en un claro intento de ordenación urbanística que comienza en 1558 y que se da por concluido en 1586, como colofón al conjunto, el ayuntamiento de la ciudad en cabildo celebrado el 7 de mayo de 1585[82], siendo corregidor don Juan Porcel de Peralta, acuerda que se reúnan todas las inscripciones latinas y estatuas existentes en diversas casas y torres de los muros de la ciudad, así como las existentes en el denominado cerro del León, sierra de Abdalajís, Mollina y otros lugares del termino de Antequera, poniéndolas en orden y en un lugar donde puedan verse tanto por las personas que vinieren a la ciudad como por los propios antequeranos, matizando el acuerdo.

> *[...] y por cuanto es más público, en la puerta de las dichas plazas por el concurso de gente que en ellas hay de ordinario [...]*[83].

La puerta o arco de los Gigantes, se erige en un lugar estratégico en ese último cuarto del siglo XVI, un lugar donde forzosamente confluyen gentes de los más variados lugares, por un lado están las casas de cabildos centro neurálgico de la ciudad, al frente la recién ampliada y estructurada plaza de la Feria y junto a ella la plaza Alta, lugar de encuentro y de comercio, además de ubicarse otra serie de edificios públicos, a sus espaldas, la plaza de los Escribanos, en ella están dispuestas las covachas, a manera de pequeñas oficinas donde los escribanos del número ejercen su oficio, lugar obligado donde sellar todas

---

82 A.H.M.A. Fondo Municipal. Libro n° 1.604.
83 A.H.M.A. Fondo Municipal. Libro n° 1.604.

las transacciones económicas. El arco será el centro indiscutible de todo este complejo entramado de la acrópolis antequerana, y sin duda cartel indiscutible de su antiguo y glorioso pasado.

El diseño de la obra recae en el arquitecto y maestro cantero Francisco de Azurriola y su ejecución en el alarife Francisco Gutiérrez Garrido, quienes construyen el edificio y adosan una selección de epígrafes y de estatuas. El conjunto se remataba con una enorme estatua de Heracles que presidía el edificio, y que en una sincronía simbólica podríamos jugar con el fundador mitológico de la ciudad según la historiografía local y la figura de Felipe II como el artífice ideológico de la nueva Antequera.

El edificio fue desmantelado en sus últimos elementos en 1909, volviendo a ser reconstruido parcialmente en 1984, con motivo de su cuarto centenario.

De su aspecto original, tan solo nos ha llegado la referencia de un grabado, un tanto idealizado realizado en Roma por Arnolds van Westerhout, y que en principio iba destinado a ilustrar una Historia local[84], y un dibujo que aparece en los primeros folios de la Historia de Antequera del Padre Cabrera, y por supuesto la estructura consolidada.

Será también, en torno a la década de los años 80 de este siglo XVI, cuando desarrolle todo el replanteamiento urbanístico alrededor de este museo público de antigüedades romanas, con las importantes reformas en las Casas de Cabildo[85], la

---

84 Concretamente el grabado ilustraría una historia de la ciudad de Antequera redactada por el jesuita Pedro de Rojas Zapata y que nunca vio la luz. El manuscrito borrador de este libro se conserva en el fondo Francisco Rodríguez Marín en la Biblioteca del C.S.I.C.

85 A.H.M.A. Fondo Protocolos Notariales. Escribanía de Fernando de Herrera. Legajo nº 1.770, folio 254.

Cilla, el edificio de la Cárcel, las covachas de las escribanías y las ampliaciones de las plazas de los Escribanos y de la Feria; reconstruyendo la barbacana o almenillas y rellenando, para ganar terreno, una serie de espacios o trincheras que existían entre el antiguo sistema defensivo y la plaza pública, con lo que se ampliaba el espacio urbano de una forma considerable[86].

Muy prolífica es su actuación en edificios de carácter religioso. Así tenemos documentada su participación en los conventos de San Agustín, San Zoilo, Nuestra Señora de la Encarnación y Nuestra Señora del Carmen; además de estar documentada su participación fuera de Antequera en Alcalá la Real, Puerto de Santa María o en Córdoba, pero vayamos por partes.

De los conventos antes citados, es el responsable directo y dirige en su casi totalidad las obras de la Encarnación y del convento del Carmen.

Con respecto al primero En 1580, las religiosas plantean un ambicioso proyecto la reforma de la iglesia. Prácticamente se trata de una obra de nueva planta que se tardará en terminar 17 años. La fuente principal de ingresos con los que contarán para esta empresa, provendrán de la venta del patronato de la capilla mayor de la iglesia a doña María de Segura, viuda del que fuera Oidor de la Real Chancillería de Granada, don Fernando de Gálvez.

Sabemos que la obra está ya iniciada en junio de 1580, bajo la dirección del alarife Francisco Gutiérrez Garrido, la noticia nos la proporciona un importante documento suscrito entre el

---

86 A.H.M.A. Fondo Protocolos Notariales. Escribanía de Gabriel Duran De Carvajal. Legajo nº 400, folios 143r a 144v. Se trata del documento de liquidación de obra.

mayordomo del convento Álvaro Sillero y el cantero Francisco de Azurriola:

> *[...] se obligo de hacer en este dho monasterio en la iglesia que se va haciendo, una portada principal para la dha iglesia la qual a de hacer de la forma e modelo e con las condiciones que están hechas e que están en poder de Francisco Gutiérrez maestro de la dha obra firmada del dho Francisco de açurriola e de mi el dho hermano la qual dha portada el dho Francisco Açurriola a de hacer de la piedra de la cantera de la iglesia mayor de esta ciudad y la a de labrar y dar labrada y la a de traer poner al pie de la dha obra para que se ponga e apreste en la dha iglesia y el A sentar della a de ser a costa del dho monasterio porque solamente el dho Francisco de Açurriola la a de labrar y poner al pie de la dha obra, e todas las veces que el dho Francisco Açurriola pidiere la muestra e modelo de la dha portada que esta en poder del dho Francisco Gutiérrez se lea de dar para que conforme a ella haga e labre la dha piedra la qual dará bien labrada y bien hecha e acabada con perfección según la dha muestra e condiciones della [...]*[87].

Como vemos se trata del contrato de la bella puerta de acceso a la iglesia, decorada con los relieves de la Virgen y San Gabriel, que componen la escena de la Anunciación. El conjunto se completa con una jarra de azucenas que conforma la clave del arco.

---

87   A.H.M.A. Fondo de Protocolos Notariales. Escribano. Gonzalo de León. Legajo nº 446.

Sobre esta puerta o arco de entrada al templo de la Encarnación se eleva una curiosa estructura de dos cuerpos, se trata de un mirador, que aparece ya descrito en el manuscrito de la Historia de Antequera del Padre Cabrera, y que se remata con una espadaña, ya realizada en el siglo XVIII.

En cuanto a este mirador, su construcción fue dirigida y diseñada igualmente por Francisco Gutiérrez y realizado materialmente por el también alarife y cuñado del anterior Juan de Torres en 1597, así mismo el contrato realizado entre los dos alarifes y el convento incluye además de este mirador, el concluir la totalidad de la obra comenzada en la iglesia y la colocación del tejado[88].

Entre estas dos fechas el alarife Francisco Gutiérrez, realiza diversos contratos específicos con la comunidad de religiosas, y con la patrona de la capilla mayor doña María de Segura y su hijo. Tal vez la obra de mayor envergadura sea la construcción del arco toral realizado en 1583, por precio de 130 ducados, este trabajo incluye la decoración de estucos manieristas con que se remata esta zona de la iglesia y que se debería unir con la del resto del templo:

> [...]-es condición que el pimpollo de la dha capilla a de poner el remate que le dieren por todas las señales a de llevar galápago de yeso juntan al ala y así mismo tiene de los tres canales con yeso.
> -es condición que por de dentro de la dha capilla tiene de hacer cuatro veneras de yeso e pechinas de suerte que cojan todo el hueco que

---

88 A.H.M.A. Fondo de Protocolos Notariales. Escribano. Alonso del Rincón. Legajo nº 282.

tiene el cuadrante de manera que queden su forma tocadas con una media moldura y los blancos que quedaren a los lados se han de echar florones y han dir la disimulallos y dentro de las cuatro veneras a de llevar un escudo de armas En cada una tarjado con las armas [...][89].

También participa en la obra de este convento el arquitecto Lorenzo de Medina, sobre el que recae en 1584, la obra del coro, en la que también podemos apreciar unos importantes estucos.

Un año antes, es decir, en 1583, se realiza la armadura del templo por los carpinteros de lo blanco Diego Vaquerizo y Juan Rivas, ambos vecinos de la ciudad de Antequera, el diseño es muy probable que fuera realizado por el alarife Francisco Gutié-rrez Garrido. Independientemente de la importancia de la obra, creemos que la plasmación del contrato, es en sí una autentica obra de arte, que recoge minuciosamente todos y cada uno de los elementos de esta magnífica pieza, su lenguaje nos habla mucho del estilo y de la mentalidad de una época, por ello, no hemos podido resistirnos a reproducirlo hoy aquí en estas páginas:

[...] En la muy noble e muy leal ciudad de Antequera en veinte y un dias del mes de margo de mylle e quinientos e ochenta e tres años en presencia de my franc° gutierrez Alvarez escrívano de la magestad rreal publico del numero en esta dha cibdad y de los testigos de yuso escriptos estando en el convento de la Encarnagion desta cibdad ques de la horden de nuestra señora del Carmen diego vaquerizo e Johan de rribas vezinos desta dha cibdad a quienes yo el dho escrivano doy

---

89   A.H.M.A. Fondo de Protocolos Notariales. Escribano Francisco Gutiérrez Ál-varez. Legajo n° 2.779.

fee que conozco dixeron que Porquanto Las señoras Priora e monjas del dho monasterio de la carnación desta dha cibdad con licencia e facultad e cansentimíento del muy rreberendo padre el presente fray Johan nyeto prior del convento de nuestra sé del carmen desta ziudad questava presente tienen tratado e concertado con ellos de lesdar a destajo el enmaderado del cuerpo de la yglesía nueva que de presente se haze conforme a las muestras y modelos que estan en poder de mi el dho escrivano firmada de mi e del dho Juan de rribas y del dho señor prior y que el dho conbento de la madera que fuere menester para el dho Enmaderado y la clavazon toda Laque fuere nescesaría y los dhos Juan de rribas e diego Vaquerizo ande hazer el dho enmaderado a su costa poniendo de su parte a si la manyfactura como lo demas que fuere nescesario hasta Poner en perfeccíon la dha obra conforme a las condiciones con que se hizo el dho concierto que son las siguientes

-primeramente con condicion que las soleras del dho Enmaderado an de llevar un dozavo de grueso y una terzia de ancho y las dhas soleras ande llevar un rudon e an de yr clavadas en unos nudillos los quales an de yr asentados encima de la pared a nivel.

-yten con condicion que encima de las dhas soleras an de cargar unos canes que tengan cinco quartas de largo y en el vuelo an de llevar unos cartones rrompidos y los dos canes an de llevar e yr tocados con una media moldura de canalan y an de llevar unos alizares y tocados que aten con los canes.

-otrosi con condícíon que encima de los dos canes an de yr sentadas unas tragantes guarnezidas de lazo de a diez y an de llevar quatro peynazos y las espigas de hellos an de pasar y llevar cada espiga dos (cal) vigas y la una tragante de la otra a de yr distante ocho pies

-yten es condicion que a de llebar el dho Enmaderado sus quadrantes de voladuria pynazados y guarnezidos como las tragantes.

-yten es condigion quel dho Enmaderado a de llevar un desban que descansen enzima las tragantes y alizeres y ensima deste desban a de llevar el argeute que vaya atando con el armavate de la armadura

-yten es condicion quel dho enmaderado a de yr estrivado a cola de milan con los estrivos encallavernados guardando el plomo de la pared y estos estribos an de yr calvados con unos calvos que pasen hasta la mitad de los canes

-yten es condicion que enzima del coro dela dha yglesia La dha armadura a de yr con sus limas moamares quadrados y a la parte de la capilla a de yr a mojinete.

yten es condicion quela dha armadura a de llevar el almiyate quadrado de [...] [...] conforme a la dha muestra y modelo

-yten es condícion quel dho almizate a de llevar ocho rrazimos de mocaraves dos enzima del coro y los quatro en medio y los otros dos en el cabo

-yten es condicion que despues de acabada la dha obra y enmaderado la an de ver dos oficiales que de obras de lazo entiendan y la an de cotejar la dha muestra e modelo e con estas condiciones y no yendo conforme a hello y en perfeccion se a de bolver a hazer a costa de los dhos juan de rribas e Diego baquerizo e por lo que en ello se gastare le deba de poder executar con solo el juramente del dho convento y el salario delos dhos oficiales sea de pagar por mitad entre los susodichos y el dho convento.

y es condicion que la dha obra a de quedar acabada perfectamente moliente e corriente e la an de comengar luego e la an de dar acabada el día primero de março del año venidero de quiniento y ochenta y quatro[...]⁰.

---

90   A.H.M.A. Fondo de Protocolos Notariales. Escribano Francisco Gutiérrez Álvarez. Legajo nº 2.778.

En cuanto al segundo de los conventos aludidos el del Carmen, debemos indicar que los carmelitas calzados llegaron a Antequera en 1512, y solicitan del Jurado don Pedro de Narváez, que la ciudad les ceda sitio para fundar convento. El diecinueve de octubre de 1513, el cabildo autoriza a los carmelitas fray Juan de Ortega y un tal fray Agustín a instalarse en la ermita de San Sebastián el Viejo, haciéndoles donación del lugar, pero condicionado a que en caso de que en el plazo de un año no estuviera terminado el templo y casa conventual, la propiedad volvería a pasar a la ciudad. Las obras se iniciaron de inmediato bajo el patrocinio de doña Leonor de Segura, viuda de Don Alonso de Córdoba. Años después, concretamente en 1580, su hija, doña Catalina de Córdoba, adquiere a doña Beatriz Álvarez un solar en calle Fresca, frente a la portería del convento de la Victoria. De esta forma da cumplimiento al deseo de su madre, expresado en el testamento que otorgó el diez de enero de 1577, ante el escribano Alonso de Aguilera:

> [...] ytem que se den de mys bienes dozientos ducados para ayuda-ala obra de la capilla que se a de hazer en el monasterio de nuestra sennora del carmen[91].

Desconocemos las causas concretas que indujeron a los frailes a abandonar su primitivo enclave y trasladarse a este solar en calle Fresca. El caso es que el trece de enero de 1581, convienen con el maestro alarife Francisco Gutiérrez Garrido,

---

91 A.H.M.A. Fondo Protocolos Notariales. Escribano Alonso de Aguilera. Legajo nº 944.

labrar «[...] la obra que se a de hazer para el nuevo convento y yglesia», que según el documento se está comenzando a edificar en la calle Fresca[92].

Tal vez lo más interesante del documento estudiado es el pliego de condiciones, que en definitiva trata de la traza de la iglesia hasta la alberca.

Este pliego de condiciones fue elaborado por un maestro distinto como en él se recoge, probablemente se deba a Francisco de Azurriola, con quien Francisco Gutiérrez Garrido colaboraba habitualmente. El interés histórico de éste pliego de condiciones de la fábrica mayor de la iglesia del Carmen, nos obliga a transcribirlo, ya que consideramos que se trata de un importantísimo instrumento para estudiosos e historiadores, el documento es el siguiente[93]:

> *[…] Es condición que las dos paredes de la yglesia andeser claras de arcos de ladrillos de tres ladrillos y medio de grueso. Es condición que cada pilar a de tener de ancho cinco ladrillos. Es condición que a de ir Repartida la pared de la yglesia en cinco arcos y en cada capilla un confesionario.*
>
> *Es condición que cada arco de los dichos a de tener cinco varas de claro. Es condición que a de llebar tres ladrillos de bolsa. Es condición que los claros de los arcos ande ir serrados de tapiería de tierra muerta que sirvan de cinbríes,*

---

92 A.H.M.A. Fondo Protocolos Notariales. Escribano Francisco Gutiérrez Álvarez. Legajo nº 2.748.

93 A.H.M.A. Fondo Protocolos Notariales. Escribano Francisco Gutiérrez Alvarez. Legajo nº 2.748.

Es condición que la pared de la calle a de tener de grueso dos ladrillos y medio.

Es condición que a de ir Repartidos en cada una dé las capillas un altar metido un ladrillo en el gueco de la pared y un confessonario que salga la puerta al ¿lastro y los confessonarios solo en las capillas de la parte del convento y a de aver una puerta por donde se manden las capillas todas por dentro.

Es condición que se a hazer un arco ensima de cada altar.

Es condición que la pared que aRima al claustro a de tener tres ladrillos y medio de grueso como las de la yglesia y assimismo an de ir en ellos Repartidas sus capillas con sus altares y en la una de ellas a de quedar una puerta para entrar del claustro a la yglesia.

Es condición que ande subir las paredes hasta enrrasar con los arcos de la yglesia que son seis varas de alto.

Es condición que a de quedar en el compás de la yglesia una puerta que a de tener nueve pies de ancho y diez y siete de alto formada y después la hará el convento de cantería o de ladrillo a su costa.

Es condición que estas condiciones se guarden conforme al repartimiento de la planta.

Es condición que an de tener de cepa las paredes de la yglesia ocho pies hasta salir a los Relexes de la capilla y que a nivel de como se fundo la capilla se agonden las sanjas y simas fuere menester sea preciado.

Es condición que salga de su sanjado de hormigón dos varas de alto y lo demás de derretido.

Es condición que en la pared de la calle en cada capilla quede una ventana Rasgada de entrambas partes y ara que de luz y asimismo en la de dentro a Rimada a los claustros y todas las paredes an de tener seis varas de alto y la mampostería que fuerre necesario y lo desmas de tapieria.

Es condición que el oficial en quien se rematare laobra a de poner tapiales y pisones espuertas y asadas y sogas garabatos y los demas instrumentos que fuere menester a fuera de los materiales y madera y a de oner tambien cubos.

Es condicion que después de acabado esta obra conforme a estas condiciones la an de ver oficiales de parte del convento y del que tomare la dha si esta conforme a las condiciones para que la den por bien hecha o digan se falta algo y que el convento pague el uno y el maestro el otro y si no se aforaren (perdido).

(Al margen: Esta no se otorga).

(Tachado: Es condicion que de la una parte y de la otra a de aver fiadores llanos y abonados a contento de las partes). Al elegir delios pilares de la yglesía an c Resallados de un pilar quadrado en medio de cada uno para que aquel sirva de una sobre Rosca por sima de cada arco para adorno de la obra quendo esto es guardar el decoro de atras Es condición que después que se vaya esta obra subiendo pareciere al convento y a los dichos maestros que los arcos vayan de proporsion doblada lo llagan pagándoles el convenio con demassia. Es condición que donde quiera que levantaren los arcos para bolver las bueltas les segué sus capiteles de ladrillo cortado conforme a como esta en la trasa.

Dos años después, es decir, en 1583, doña Catalina de Córdoba otorga testamento ante el escribano Juan Pérez Berrio[94], y en él manda que no se prosigan las obras comenzadas en la calle Fresca, si no que se continúen en la iglesia vieja de San Sebastián el Viejo, y que de sus bienes se den 4.000 ducados para la obra.

---

94   A.H.M.A. Fondo Protocolos Notariales. Escribano Juan Pérez Berrio. Legajo n° 898.

¿A qué se debe este cambio? De momento lo ignoramos, el testamento de doña Catalina de Córdoba no lo aclara y las historias locales de Barrero Baquerizo, Solana y el padre Cabrera no lo detallan. Pero probablemente debieron de influir en la decisión de la patrona dos hechos: por un lado, el tal vez elevado costo de la nueva obra, siendo más rentable el continuar la existente; y por otra parte, los frailes del convento, acomodadamente instalados, debieron temer que el cabildo de la ciudad, les reclamara la propiedad de los terrenos donde estaban ubicados, si estos abandonaban el emplazamiento, tal y como estaba pactado en su día. El caso es que las obras se desplazan a la ermita de San Sebastián, abandonando las iniciadas en la calle Fresca, de las cuales solamente el documento trascrito nos ha llegado a nuestros días.

La actual iglesia del convento de Nuestra Señora del Carmen, comenzó a edificarse en 1585, tras abandonar los frailes estas obras que en un principio como hemos visto iniciaron en la calle Fresca, bajo la dirección de Francisco Gutiérrez Garrido.

El proyecto planteado por este alarife, no fue desechado por la comunidad del Carmelo, ya que la distribución que nos presenta la planta de la iglesia hoy día se amolda con pequeñas modificaciones al estudio inicial.

Como hemos dicho, las obras se inician en 1585 y se adjudicó su dirección al alarife Llorente Pérez, aunque este firma un convenio con Francisco Gutiérrez Garrido el 5 de marzo de 1584, para hacer:

[...] la obra entre ambos se tiene de hazer e acabar e partir lo que se ganare y pagar lo que se perdiere [...][95].

Las obras se prorrogarán hasta bien entrado el siglo XVII, concretamente el veinticinco de septiembre de 1609, los maestros canteros Francisco y Gaspar Juan de Vargas, son contratados para labrar la portada de la iglesia, bajo las siguientes condiciones, que transcribimos en parte:

[...] y es condición que la dicha puerta tenga nueve terzias de ancho dándole la altura quemas convenga al dicho sitio de forma que no quede alta demasiado ni baxa sino en buena proporsion al alveario del buen arquitecto y en subiendo todo el pie derecho que la dicha puerta a de tener puesta en proporsion para mover el arco de la dicha puerta labre una ymposta con buena moldura para con que se encapitele la dicha jamba de la puerta que a de tener media vara de ancho la dicha jamba y mas los buelos délas molduras y dende alli ensima a de formar el arco de la puerta de punto redondo sin quebralle cosa ninguna con buenas molduras que lleve una mocheta y media caña y dos faxas que sen un alquitrave dórico y en la clave del Dicho arco un nicho como señala la dicha planta, y es condición que teniendo la coluna labrada todo eí pie derecho y estriado y desmenuydo conforme la regla que de la desmenuzsion pide se labre unos capiteles dóricos con buenas molduras dándole todas sus medidas cabales como lo dize la orden dórica y se labre el enjutado que uniere la clave del arco y el altura del capitel haziendo una calle porsima del arco que coxa todo ala redonda

95   A.H.M.A. Fondo Protocolos Notariales. Escribano Benito Sánchez Herrero. Legajo nº 1.485.

quedando a regla y peso y nivel el dicho capitel con la trasdicha del
arco y ansí mismo es condicion que. eniendo enrazado como dicho es
la trasdicha del arco con los capiteles sobre un alquitrave de una tercia
de alto con una mocheta dexando repertido para los trilitos del friso
la gotas de baxo de ía mocheta y abiendo labrado el alquitrave labre
el friso del tamaño que la dicha trasa señal tomando con el pitipié y
repartille sinco trilifos y entre uno y otro un coxiñ quadrado con sus
calles bien acabado a Ley de buena obra de cantería y a contento del
padre prior y frayles del dicho convento, y es condicion que teniendo
labrado el friso labre una cómica con sus pontis de asa de caldera resal-
tado porsima del capitel de la forma y manera questa en !a dicha trasa
sin que le falte un punto contodas sus molduras cabales resaltando la
cornica derecha la ultima moldura sobre todos los trilifos y ensima de
la dicha corona medio a medio de la dicha puerta se asiente una peana
amodo de garda donde se ponga un esqudo con su tarxa y una corona
ensima de forma quel dicho esqudo sea oval para que lleve las armas
de la orden y ensima decada coluna una pirámide con sus piedrestal y
bolas quedando en punta con una calle que la ate toda a la redonda
y el dicho piedrestal también de la forma questa en la dicha fachada
sin que le falte moldura ninguna y a vista del oficial que señalare el
dicho oficial este obligado a hazer sele desfalque y restituya al. dicho
convento y no pueda añadille demasías ninguna sino fuere pedido del
dicho padre prior y frayles del dicho convento [...][96].

Esta importante portada manierista, compuesta como hemos
visto por un arco de medio punto flanqueado de dos columnas

96   A.H.M.A. Fondo Protocolos Notariales. Escribano Pedro Gutiérrez Álvarez. Legajo n° 2.709.

toscanas elevadas sobre unos plintos y coronada por un frontón partido, rematado con el escudo de la orden de carmelitas calzados, no es la única obra que se conserva de Francisco Vargas, ya que a este maestro cantero se debe la espadaña de la iglesia del antiguo colegio Santa María de Jesús que la realizó en 1601[97].

En cuanto a su hermano Gaspar Juan de Vargas, solo esta obra se le conoce.

En lo referente a los otros dos conventos relacionados, su participación será puntual, aunque hay que matizar esta afirmación.

En el convento de San Agustín, Francisco Gutiérrez Garrido es el artífice de la gran reforma que la comunidad religiosa plantea en el templo monacal en el último cuarto del siglo XVI. Será el responsable de la construcción o remodelación de todas las capillas colaterales y del replanteamiento de la Capilla Mayor[98]. Junto a esta la actuación más importante la ejecutará en la construcción de la capilla de la Cofradía del Santo Crucifijo a los pies de la iglesia, frente a la puerta principal:

> *[…] la cual me obligo de hacer y labrar desde el arco de la dicha capilla todo lo que hay de dentro de ella que tengo de hacer conforme a una traza que para el dicho efecto me hadado y entregado y yo tengo en mi poder firmada de Andrés Pérez de Medina mayordomo que al presente es de la dicha cofradía […] en la cual dicha obra me obligo de usar todas las molduras y cosas que están dibujadas y puestas en el dicho papel según y como en el esta dibujado sin que de ello falte*

---

97   A.H.M.A.-F.PN. Escribano Alonso del Rincón. Legajo nº 304.
98   A.H.M.A. Fondo de Protocolos Notariales. Escribano Martín de Vergara. Legajo nº 340.

cosa alguna y el arco de la dicha capilla lo tengo de poner con toda perfección y por la parte baja del arco ade tener de compartimientos y labores convenientes y acabada la dicha capilla la tengo de enlucir desde abajo y hasta arriba y el arco por todas partes [...][99].

Hoy día no se conserva esta interesante capilla.

Todas estas intervenciones se desarrollan en el arco temporal entre 1580 a 1592, así por ejemplo en 1585 concertará con doña Marina de Ribas, viuda de don Francisco Diaz Boza, su capilla de enterramiento[100].

En cuanto al convento de San Zoilo, la intervención de Francisco Gutiérrez se centra en cuatro espacios concretos y en los que además podemos apreciar su habilidad como estuquista: en la capilla de la Sangre, donde realizará una bóveda de plato muy en la línea de Diego de Siloe; la capilla mayor donde será el autor de los yesos que cubren el espacio, al igual que en el coro alto y en la clave del arco toral[101]. Por último, tenemos además documentada en este convento franciscano la bella obra de la capilla de la Virgen de la Antigua, que perteneció a D. Lope de Suaso, importante personaje de la nobleza andaluza que será quien la contrate con nuestro artista[102].

---

99   A.H.M.A. Fondo de Protocolos Notariales. Escribano Cristóbal Méndez. Legajo nº 1.364.

100   A.H.M.A. Fondo de Protocolos Notariales. Escribano Cristóbal Méndez. Legajo nº 1.133.

101   A.H.M.A. Fondo de Protocolos Notariales. Escribano Juan Pérez Berrio. Legajo nº 940.

102   A.H.M.A. Fondo de Protocolos Notariales. Escribano Juan de Merodio. Legajo nº 240.

Para concluir la breve referencia a este alarife, pieza clave y fundamental en el desarrollo urbano y paisajístico de la Antequera manierista, como estamos viendo, debemos anotar el importante peso que debió llegar a adquirir, la ser requerido en diversos puntos de Andalucía, en este sentido tenemos documentado hasta este momento las siguientes intervenciones.

En la vecina localidad de Archidona, es contratado en 1583, para la fábrica de la torre campanario del convento de Santo Domingo. El importe de los trabajos ascendió a 170 ducados[103].

Francisco Gutiérrez, aparece en 1597, trabajando en Granada en el convento de Santa Cruz la Real y su la iglesia de Santo Domingo, concretamente en la obra de su escalera principal, del claustro, en la crujía sur, terminada en dicho año, es la primera de tipo imperial que se construye en Granada y una de las más destacadas de la arquitectura española. El 26 de marzo de 1596 se realiza el contrato de obra de albañilería que aparece firmado por el prior del convento Alonso Cabrera; por Martín Díaz de Navarrete, obrero mayor y alarife de la ciudad; y por Francisco Gutiérrez, autor de la traza. La escalera, de planta cuadrada, sigue el esquema de escalera imperial de ida y dos vueltas, y rematada por una cúpula de media naranja sobre pechinas. Los escalones se encargan a los canteros Jorge Leal y Juan de Pilas siguiendo la traza dada por Francisco Gutiérrez[104].

---

103   Fondo de Protocolos Notariales de Archidona. Escribano Sebastián de Cuadra. Este dato ha sido facilitado por el investigador Manuel Garrido Pérez.
104   Valladar y Serrano, Francisco de Paula. La iglesia de Santo Domingo. 1916, pp.425.
Valladar y Serrano, Francisco de Paula. La iglesia del exconvento de Santo Domingo. 1915, p. 424.

En 1599 es llamado para perfeccionar con estucos la obra de la iglesia mayor de Alcalá la Real[105]:

> *[...] se obligó de hazer y edificar A la fabrica de la iglesia mayor de la ciudad de Alcala la rreal una bobeda de yeso e ladrillo y darla Acavada de hazer [...]*.

Igualmente es el maestro que ejecuta los magníficos y bellos yesos del coro de la iglesia catedral de Córdoba[106], como ya hemos adelantado y que estudia y publica Ramirez de Arellano y Nieto Cumplido. A esto hay que añadir que la totalidad del yeso empleado en esta obra es contratado en Antequera, uno de esos contratos especifica:

> *[...] se obligaron de sacar dos mil fanegas de yeso en piedra blanca e yeso blanco de la cantera del cortijo de montefrío el alto de la villa de Espejo, cantera de la santa Yglesia de Córdoba [...]*[107].

De igual manera se le documenta a Francisco Gutierrez, para la Santa Iglesia de Córdoba, la hechura de una Santa Lucia[108].

Una de las obras más importantes por su envergadura será la realizada en 1605 en el Puerto de Santa María.

---

105 A.H.M.A. Fondo de Protocolos Notariales. Escribano. Francisco Rodríguez León. Legajo n° 896.

106 A.H.P.CO. Escribano Alonso Rodriguez. Legajo n° 1.242.

107 A.H.M.A. Fondo de Protocolos Notariales. Escribano Francisco Rodríguez León. Legajo n° 969.

108 Esta pieza está documentada por R. Ramirez de Arellano. Inventario, 67, entre otros.

En 1595, se está perfeccionando la obra del convento de San Francisco de dicha ciudad, para ello se traza la hechura de la capilla mayor, recurriendo para ello a Pedro Díaz de Palacios, maestro mayor de la fábrica de la Santa Iglesia de Málaga[109]. Por una serie de circunstancias no puede cumplir con el contrato, por lo que en 1605, conviene con Francisco Gutierrez Garrido, maestro de arquitectura y con sus hijos Pedro Gutierrez Garrido y Francisco Gutierrez Atarren, el traspaso de la terminación de obra, siguiendo la traza planteada, y por precio de 5.000 ducados[110].

En 1615 se traslada a Sevilla, donde perdemos la pista. En este período estaba muy vinculado a Antonio Mohedano y su círculo. Las investigaciones que estamos siguiendo nos apuntan unos interesantes e importantes resultados, que en su momento confiamos poder dar a conocer.

---

109   A.H.P.CA. Escribano Alonso Pérez. Legajo n° 24 del Puerto de Santa María.
110   A.H.M.A. Fondo de Protocolos Notariales. Escribano Gonzalo Fernández Alba. Legajo n° 934.

Francisco de Azurriola. Arquitecto y cantero

Los Azurriola, canteros, de origen vasco, estarán presentes en nuestra ciudad a lo largo de varias generaciones y desarrollando el mismo oficio de forma realmente magistral.

Su presencia se detecta en torno a la obra de la Colegiata. Sabemos que probablemente el primero en llegar fue Pablo de Azurriola, quien tras algunos años de residencia, contrae matrimonio con una tal María Lorenza en 1535. De su matrimonio sabemos que al menos tendrán dos hijos, Isabel y Ortuño; siendo padrino de la primera un importante personaje, D. Nicolás Barahona de Soto.

También detectamos la presencia de un hermano de Pablo de Azurriola, algunos años después en 1550. Se trata de Ortuño, cuya presencia coincide con la fase de terminación de la fachada y artesonado de la iglesia de Santa María.

Sin embargo, de esta saga de canteros, el más conocido actualmente es Francisco de Azurriola; probablemente por su vinculación con el maestro Francisco Gutiérrez Garrido.

Es el maestro cantero al que más obras considerables le tenemos documentadas. De ellas, cabe destacar su participación en la construcción del Arco de los Gigantes y en la remodelación urbanística que sufrió esta zona de la ciudad, colaborando con su trabajo igualmente en la reorganización de las plazas de los escribanos y de la Feria y las casas de Cabildos, a las que ya nos hemos referido.

A estas importantes actuaciones, debemos sumar otras obras no menos interesantes aunque de otro carácter; como la contratada en 1574, con el racionero y mayordomo de las fábricas mayores de las iglesias de esta ciudad, Juan Díaz Maderuelo de:

> *[…] tres pilas de bautismo de piedra dura colorada del tamaño, labor, forma y manera que es y esta hecha la pila de bautismo que al presente está en la iglesia mayor de esta ciudad.*

De estas pilas aún podemos admirar las que se conservan en las capillas bautismales de las iglesias parroquiales de San Pedro, San Sebastián y Santa María, esta última trasladada en el pasado siglo XX a la antigua iglesia conventual del Carmen.

Posteriormente, en 1578, se le encarga igualmente por parte de las fábricas mayores, un tabernáculo para la Real Colegiata. Sobre esta obra se conserva una serie de contratos donde se especifican desde el tipo de piedra hasta la cantera de donde se debe obtener la piedra, así como una detallada y pormenorizada descripción de la pieza. Este tabernáculo es el que en la actualidad podemos ver en la iglesia de San Sebastián, sobre el mismo se levantará el sagrario que diseñará y dorará algunos años después Antonio Mohedano.

También pertenece a Azurriola la portada de la iglesia de la Encarnación, concretamente sabemos que además talla la composición de la Anunciación que aparece en la misma, decorando sus enjutas con los relieves de la Virgen y San Gabriel y en la clave del arco una jarra de azucenas.

Este trabajo fue suscrito entre el mayordomo del convento Álvaro Sillero y el cantero Francisco de Azurriola:

[...] se obligo de hacer en este dho monasterio en la iglesia que se va haciendo, una portada principal para la dha iglesia la qual a de hacer de la forma e modelo e con las condiciones que están hechas e que están en poder de Francisco Gutiérrez maestro de la dha obra firmada del dho Francisco de açurriola e de mi el dho hermano la qual dha portada el dho Francisco Açurriola a de hacer de la piedra de la cantera de la iglesia mayor de esta ciudad y la a de labrar y dar labrada y la a de traer poner al pie de la dha obra para que se ponga e apreste en la dha iglesia y el Asentar della a de ser a costa del dho monasterio porque solamente el dho Francisco de Açurriola la a de labrar y poner al pie de la dha obra, e todas las veces que el dho Francisco Açurriola pidiere la muestra e modelo de la dha portada que esta en poder del dho Francisco Gutiérrez se lea de dar para que conforme a ella haga e labre la dha piedra la qual dará bien labrada y bien hecha e acabada con perfección según la dha muestra e condiciones della [...][111].

Una importante obra, hoy día desaparecida, fue otra portada. En este caso la que se encontraba en la capilla del Santo Crucifijo de la iglesia de San Agustín, realizada en 1580. Lo importante realmente de esta obra es el dato que nos aporta en el contrato, donde se especifica que la portada que ha de hacer debe ser igual a la que realizó en su día para la fachada y puerta principal de la iglesia de San Sebastián, lo que nos documenta la autoría de esta interesante obra del patrimonio antequerano.

---

111   A.H.M.A. Fondo Protocolos Notariales. Escribano Gonzalo de León. Legajo nº 446.

Pedro de Atarren. Cantero

Se trata de otro cantero vasco natural de la villa o lugar de Nuestra Señora de Navárniz en Vizcaya, hijo de Juan Fernández de Atarren y de María Pérez, también cantero como su abuelo Juan de Atarren el viejo[112]. Aparece en Antequera hacia 1555[113]. Sin duda viene atraído por las necesidades creadas por la terminación de la Colegiata, entre otros templos que están en pleno proceso constructivo en etas fechas de distintas órdenes religiosas, así como por la demanda que tiene la iglesia catedral de Málaga.

Sabemos por su testamento[114], casó dos veces, la primera con Violante Ximénez. Con la quie tiene cuatro hijos Luis, Luisa, Diego y Pedro, este último fallece en 1589. Debío contraer este matrimonio con anterioridad a 1566, ya que hasta esta fecha no existen registros de matrimonio.

En 1567, contrae segundas nupcias con Andrea de la Cruz[115]. De este matrimonio tendrán dos hijos: María Beléndez o Meléndez y Juan de Atarren.

Le tenemos documentada muy poca obra aún, aunque sí sabemos por su testamento que en esos momentos estaba traba-

---

112   Probó hidalguía en la Real Chancillería de Granada en 1585, se conserva la ejecutoria, en el Archivo en el legajo nº 4.567, expediente 35, gracias al cual hemos conseguido estos datos.

113   Se afirma en la testifical del expediente indicado anteriormente que residía en la ciudad de Antequera hacía 30 años.

114   A.H.M.A. Fondo de Protocolos Notariales. Escribano Gonzalo de León. Legajo nº 1.231.

115   A.H.M.A. Fondo Parroquial. Archivo de la Parroquia de San Pedro. Libro nº 327.

jando para la fábrica de la iglesia catedral de Málaga, aportando sillares procedentes de la cantera de la Fuente Fría, además de mármoles de la sierra del Torcal.

De igual manera llevaba la fábrica del convento dominico de Archidona, y su hijo Diego estaba haciendo la portada de la iglesia.

Su hija Luisa, como hemos visto, contraerá matrimonio con el maestro de arquitectura y escultor Francisco Gutierrez Garrido.

Del resto de sus hijos Diego y Luis, de su primer matrimonio, seguirán la tradición familiar de canteros. A Luis nos lo encontramos trabajando en las distintas fases de la obra de la iglesia nueva de San Juan Bautista, en 1589, se le contrata para hacer las cuatro columnas centrales y las 6 medias columnas del arco toral y naves colaterales[116]. En 1592 se le contratan los bolsores[117]. También en 1592, se le contratan los bolsores del arco toral y los cinco arcos de las naves colaterales[118].

De su segundo matrimonio su hijo Juan de Atarren, seguirá un camino bien distinto, se convertirá en escribano público, concretamente se quedará con el oficio 4 que lo adquiere de Felipe Muñoz Montefrío.

---

116   A.H.M.A. Fondo de Protocolos Notariales. Escribano Francisco Gutierrez Alvarez. Legajo nº 2.797.

117   A.H.M.A. Fondo de Protocolos Notariales. Escribano Francisco Gutierrez Alvarez. Legajo nº 2.740.

118   A.H.M.A. Fondo de Protocolos Notariales. Escribano Francisco Gutierrez Alvarez. Legajo nº 2.740.

Antonio Mohedano de la Gutierra. Pintor

Pintor dorador, arquitecto y poeta. De Mohedano nos dice el historiador Francisco Barrero Baquerizo:

> *[...] en la pintura se adelantaron sus pinceles a el famoso Apeles; fue contemporáneo del Rasionero Cano, que siempre benero a nuestro patrisio, y alavo sus obras. Vino Esprofeso a recrearse en su pintura, en tiempo que delineava las dos laminas fronteras que oy están en la Capilla maior del monasterio de San francisco de la observansía y fue admirado [...]*[119].

Efectivamente este artista, contó en su época con la admiración y justa valoración de su obra. Pero mala suerte le cupo en la posteridad al no interesar a la crítica ni a los investigadores. El tiempo tampoco ha sido justo con el maestro Mohedano, habiendo desaparecido gran parte de su obra, de su labor en la ejecución de frescos nada queda y de su pintura en lienzo muy poca está documentada.

Poco se sabe, igualmente, de su niñez y juventud, tan solo el investigador de temas lucentinos Rafael González Zubieta, con su *Vida y obra del artista andaluz Antonio Mohedano de la Gutierra*, aborda de una forma profunda las raíces y producción de este importante personaje. Con este presente trabajo, queremos aportar una serie de documentación que confiamos sirvan para realzar en su justa medida la meritoria labor de Antonio Mohedano.

---

119   A.H.M.A. Biblioteca Auxiliar. Historia de Antequera. Francisco Barrero Baquerizo.

Sobre la fecha de asentamiento en Antequera de Mohedano existen diversas opiniones, hoy podemos adelantar que al menos en 1589, el pintor vivía ya en nuestra ciudad. En esta fecha arrienda por un año y precio de nueve ducados una casa en la villa de Lucena a don Juan de Aguilar Sotomayor en la calle del Alcalde, linde con casas del arrendador

> [...] para que en ellas biba maria de la Gutierra mi hermana por la qual salgo pagador [...][120].

El 6 de mayo de 1592 Mohedano contrata con Francisco Ordóñez Retamal la decoración de la capilla de la Cofradía de San Diego del Monasterio de San Zoilo, obligándose,

> [...] de pintar la dha capilla a lo fresco Los guecos de los quatro arcos hasta el suelo e si se le pidiera que en la frontera donde ha destar el altar haga la misma pintura la ha de hazer de forma que quede adornada con toda perfecion la dha portada[121].

En unas recientes obras de restauración llevadas a cabo en el indicado monasterio se han descubierto parte de los arcos colaterales de la nave central, apareciendo restos de pinturas en uno de ellos, concretamente en la denominada actualmente capilla de la Virgen de los Dolores, donde en su día estaba instalado el altar dedicado a San Diego de Alcalá. Estas pinturas,

---

120 A.H.M.A. Fondo Protocolos Notariales. Escribanía de Fernando de Herrera. Legajo nº 1.976, folios 577r a 577v.
121 A.H.M.A. Fondo Protocolos Notariales. Escribanía de Alonso de Aguilera. Legajo nº 437, folios 644 a 645v.

realizadas con la técnica del fresco nos muestran unos dibujos geométricos con un predominio de tonos rojizos y verdosos en el colorido. Sin duda una más profunda actuación sobre la bóveda de la capilla podría aportarnos, aunque posiblemente de manera fragmentada, este trabajo de Antonio Mohedano.

En 1594, el escribano público del número de Antequera Juan de Merodio, le encarga a Mohedano cinco lienzos al óleo con los temas de la Asunción, la Magdalena, Santa Catalina, la Encarnación y San Francisco. Creemos no se conserva ninguno, o al menos no han sido localizados[122].

Una obra que ha venido siendo atribuida de forma sistemática a Antonio Mohedano es la Transfiguración de Cristo en el Tabor. Se trata de un lienzo al óleo de grandes dimensiones (2'71 x 2'32 metros, aproximadamente) con fluías de tamaño natural, en el que aparece representado el Salvador junto a Moisés arrodillado con las tablas de la Ley a la derecha y a la izquierda Elías, y los apóstoles San Pedro, Santiago y San Juan en primer término de medio cuerpo. Este cuadro, que se conserva en la iglesia de San Sebastián, fue restaurado en 1985 y venía siendo datado entre 1610 y 1615.

Esta obra fue contratada, para la Colegiata de Santa María, por don Lope de Suazo de Arébalo el 18 de junio de 1598 por precio de cien ducados, para dar cumplimiento a la voluntad de don Juan de la Puebla que:

---

122   A.H.M.A. Fondo Protocolos Notariales. Escribanía de Diego de Carvajal. Legajo nº 1.908, folios 324r a 325v.

[...] mando que de sus bienes se sacasen y tomasen cien ducados para hazer un rretablo en la capilla que tenía y dejo en la yglesia mayor desta ciudad [...][123].

También en 1598 Mohedano contrata el dorado, estofado y pintura del retablo mayor de la iglesia de San Mateo de Lucena, trabajo que fue tasado y abonado al artista en 1605. Lo concierta con don Lorenzo de Padilla Nájera y su hermana doña Clara Pacheco. Aportamos en el apéndice documental el referido contrato[124].

Asimismo en este año de 1598 Antonio Mohedano toma por aprendiz al hijo de un tal Juan Núñez vecino de la villa de Torre Milano (Córdoba), llamado Juan, de 13 años de edad y por tiempo de diez años[125].

No podemos concluir estas breves referencias de Antonio Mohedano sin aportar su último testamento otorgado once días antes de su fallecimiento ante el escribano Bartolomé González Porras. Transcribimos a continuación este importante documento en su parte fundamental.

Yn Dei nomine Amen SePan quantos esta carta de testamento y última voluntad vieren como yo Antonio mohedano de la gutierra vezino que soy En esta muy noble ciudad de Antequera estando

---

123   AH.M.A. Fondo Protocolos Notariales. Escribanía de Juan de Merodio. Legajo nº 708, folios 853v a 855r.
124   A.H.M.A. Fondo Protocolos Notariales. Escribanía de Juan de Merodio. Legajo nº 708, folios 992r a 994v.
125   A.H.M.A. Fondo Protocolos Notariales. Escribanía de Juan de Merodio. Legajo nº 708, folios 980r a 980v.

enfermo del cuerpo y sano de la voluntad y en buen juicio memoria y entendimiento [...].

[...] Yten mando que quando la voluntad de dios nuestro señor fue de me llevar desta presente vida mi cuerpo sea sepultado en la Yglesia de señor San Pedro en la sepoltura que me dieren de la fabrica y mi cuerpo vaya a la tierra en el abito de señor san franc°.

Yten mando me acompañen en mi entierro los clérigos que sirven de ordinario en la dha iglesia de señor san Pedro. Y me lleben a enterrar los hermanos del ospital de señora santa Ana [...].

[...] Declaro que sobre las casas de mí morada pago un censo de doscientos ducados cíe principal al rregidor don rramíro maurizio de san vízente, Y de corridos del le debere el día de pascua de navidad primero venidero fin de este presente año veinte Ducados Yde los demas corridos atrasados tengo carta de pago Y rrecaudos en mi poder. Declaro que debo a el lícenziado Juan Perez de tudela presvitero vezino desta ciudad quatrocientos rreales que me presto mando que se paguen. Declaro que tengo por mí esclavo cautivo a joan híxo de ana maría mí esciaba que el dicho joan es de presente de edad de tres años Y medio mando que luego que aya cumplido siete Anos sirva A el colexio de la compañía de jesús desta ciudad en el ministerio de la cozina Y de los demas que le mandaren hasta que el dicho Juan tenga edad de veinte años [...].

Declaro que case con doña maría cabello mi muger Abra veinte y siete años poco mas o menos y de los vienes que a mi poder traxo otorgue escríptura de Dote en su fabor ante Alonso de aguilera escrivano publico que fue desta ciudad y yo lleve a el dho matrimonio por vienes míos quatrocientos ducados poco mas o menos en vienes muebles y aderezos de cassa y desto nose hizo escriptura y no abemos tenido hixos del dho matrimonio.

Yten mando a doña leonor mohedano mi hermana rreligiosa todos los bienes y cossas que al tiempo de mi fallescimiento estubíeren dentro en dos Alhazenas y en un escríptorio que tiene tres caxones y la dha Alhazena y escríptorio cada uno tiene un candado pequeño y están en la (...) donde ordinariamente yo Asisto Y la dha manda hago a la dha mi hermana en la vía e forma que mexora y a lugar de derecho y mas en su favor haga.

otrosi mando A la dha doña Leonor mohedano mi hermana dos sillas de las que yo tengo las que la suso dha eligiere y quatro rreposteros de los ocho que yo tengo. Y asimismo le mando dos arcas que la dha mí hermana tiene en el quarto de las casas de mí morada donde haze su abitazion. Declaro que los vienes que a mi poder traxo por dote suya la dicha doña maría cabello mi mujer son los que le pertenezieron por la partizion de los vienes de sus padres que se hizo entre la suso dha y el licenciado juan cabello presvitero su hermano y doña francisca cabello su hermana Asimismo muger quefue de andres de begas que la dicha partizion paso ante alonso de aguilera escrivano publico que fue desta ciudad y aunque por este mi testamento e declarado que le otorgue scriprtura de dote ahora me acuerdo que no se hizo la dha escritura y la hijuela de su abery entrego de la dha partízion la tengo autorizada en mi poder [...].

Nombró por albacea al licenciado Juan Pérez de Tudela, presbítero y [...] nombro por mi heredera A mi anima porquanto no tenga heredero forsoso, fueron testigos Juan Pérez de Tudela, Sebastián López Melgarejo y Bonifacio deRojas[126].

---

126 A.H.M.A. Fondo Protocolos Notariales. Escribanía de Bartolomé González Porras. Legajo n° 1.391, folios 972r a 975r.

Si poco nos aporta sobre su obra pendiente o adeudada este documento, algo más explícito es el codicilo que otorgó al día siguiente el cuatro de agosto de 1626, en él nos dice:

> *[...] Declaro que a don francisco de santiesteban vezíno y rregidor desta ciudad le debo doscientos rreales y una vara larga de trigo que me presto mando que se le pague. Declaro que don gonçalo chacón de rrojas presvitero vezino desta ciudad ha dado al dho otorgante seis fanegas de trigo a quenta de Pintura que le a de Hazer y el es deudor de las dhas seis fanegas de trigo al dho don gongalo mando se le Paguen.*
>
> *Declaro q ue al padre fra Juan de guiruela de la orden de nuestra sra de la victoria le deve cinquenta rreales que le dio a quenta de pintura mando se le paguen.*
>
> *Declaro que para el maestro fray jorge durango de la orden de ntr. sra del carmen tengo dos quadros de dos birgenes y les falta Poco Para acavarlos de todo punto y por quenta dellos e rrecibido cinquenta rreales [...]*
>
> *[...] mando a Boifacio de Roxas el bastidor sobre que pinta el dho antonío mohedano [...]*[127].

---

127   A.H.MA. Fondo Protocolos Notariales. Escribanía de Bartolomé González Porras. Legajo nº 1.391, folios 975v a 976r.

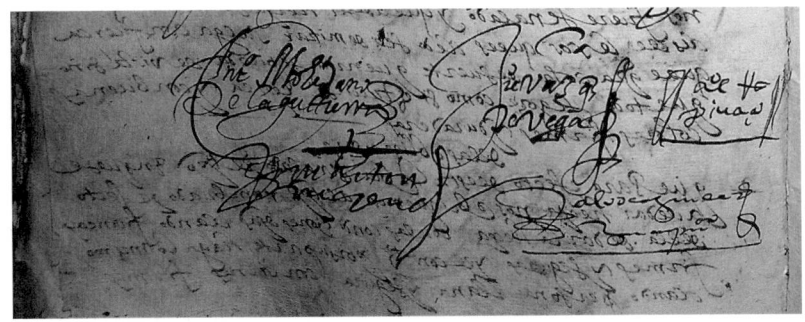

Firmas de Antonio Mohedano y Juan Vazquez de Vega.
(A.H.M.A. Fondo Fotográfico)

Juan Vázquez de Vega. Escultor y pintor

Fue pintor, dorador y escultor, además de amigo de Antonio Mohedano de la Gutierra, con el que compartió algunos trabajos. La primera referencia documental que tenemos de este artista la encontramos en el tratado del *Arte de la Pintura* de Francisco Pacheco[128] en el que se dice que tanto Juan Vázquez como Antonio Mohedano son dos grandes maestros de la pintura que iniciaron su oficio en la técnica de la sarga.

Las diversas historias manuscritas de la ciudad, tales como las de Francisco Barrero Baquerizo, la de Manuel Solana, la de Quirós de los Ríos o la del Padre Cabrera, en sus capítulos dedicados a personas que han florecido en las artes en nuestra ciudad, solamente nos dicen de Juan Vázquez de Vega que fue un excelentísimo pintor, pero no ofrecen dato alguno más, ni por supuesto hacen referencia a su faceta escultórica. Sin embargo ejerció ambos oficios. De las obras que hemos podido recopilar documentalmente hasta ahora y que perviven, cabe destacar la imagen de Nuestra Señora del Rosario del convento de Santo Domingo, una de las más veneradas advocaciones marianas de Antequera, que desde el siglo XVII cuenta con una masiva devoción por parte del pueblo. Se trata de una talla de bulto redondo, de aproximadamente 130 cm de altura, con un drapeado de paños muy clásico y ricamente estofado. Se representa erguida, sosteniendo en su mano izquierda al Salvador y el cetro en la derecha. Su rostro ofrece una gran serenidad y, en

---

128   BASEGODA I HLGAS. B. *Edición, introducción y notas sobre el tratado de* «Arte de la Pintura» *de Francisco Pacheco.* Madrid, 1990.

conjunto, podemos decir que es obra de gran delicadeza, que nos hace pensar en un primer momento en el estilo de Pablo de Rojas y su escuela.

Esta imagen, titular de la cofradía de su mismo nombre, está ubicada en la actualidad en el convento de Santo Domingo, aunque en origen procede del antiguo Hospital de la Caridad, donde realmente se fundó la cofradía, trasladándose sobre 1590 al referido convento. Estando ya en el Hospital de la Caridad, los hermanos de la cofradía contrataron con Juan Vázquez de Vega la hechura de la imagen que ha llegado a nuestros días. Dice el contrato en su parte fundamental:

> En la muy noble ciudad de antequera veynte e uno dias del mes de nobiembre de myll e quinientos y ochenta e siete anos en presencia de my el escrivano publico e testigos de yuso escriptos juan Bazquez de bega pintor de imaxineria vezino desta ciudad al qual yo el dho scrivano doy fee que conozco e otorgo y convino que se obligava y se obligo de hazer una ymaxen de nuestra señora para los hermanos e cofradía del ospital de la caridad de esta ciudad la qual hara de talla e dorado e pintura del tamaño de bara y media sin la peana que a de tener la qual hara de buena madera limpia e bien sazonada e que este hueca para que sepueda llevar en andas en procesion y a de ser dorada y estofada al rrededor porque por rrazon de la hechura e oro y madera e todo lo demas quea de llevar la dha ymaxen se le a de dar E pagar quarenta y ocho ducados [...][129].

129   A.H.M.A. Fondo Protocolos Notariales. Escribanía de Gonzalo de León. Legajo nº 653, folios 2.027r a 2.028v.

Las primeras referencias que tenemos hasta ahora sobre este pintor y escultor en Antequera se remontan a 1579. El 24 de junio de este año conviene, con doña María Cobo, el arriendo de una casa por tiempo de un año[130]. La importancia de este documento, aparte de ser el primero que conocemos cronológicamente del artista, radica en que actúa como su fiador y garante el maestro de cantería Francisco de Azurriola, que por aquellos años estaba trabajando para las Fábricas Mayores de la ciudad. Concretamente en 1578 le encargaron todos los basamentos del «Sagrario» para la Real Colegiata de Santa María la Mayor[131]. Esta obra en su conjunto se compone de dos piezas: el tabernáculo o Sagrario propiamente dicho, diseñado y policromado por Antonio Mohedano de la Gutierra y ensamblado por los maestros Diego Maldonado y Juan Marcos[132], y el baldaquino o ciborio, que es denominado en la Historia de Antequera del Padre Cabrera y en la de Manuel Solana como *tabernáculo* y nos lo describen de esta forma:

> *[...] un Tabernáculo de madera de quatro colunas dóricas con sus Capiteles y pedestales sostenidas sobre cuatro pedestales de piedra colorada bruñidas y labradas, y sobre ellas acienta una Copula de media naranja toda dorada y pintada por dentro y fuera con sus remates las Columnas; su linterna, y sobre ella, una Cruz con un Crucifixo pintado en ella [...].*

---

130 A.H.M.A. Fondo Protocolos Notariales. Escribanía de Cristóbal Méndez. Legajo nº 1.536, folios 524r a 524v.

131 A.H.M.A Fondo Protocolos Notariales. Escribanía de Gonzalo de León. Legajo nº 395, folios 214v a 215r.

132 LLORDÉN, A.: «El tabernáculo de la colegiata de Antequera», Jábega, 28. Málaga, 1979.

Esta aclaración es totalmente necesaria para poder llegar a interpretar en su amplitud el siguiente documento, firmado entre las Fábricas Mayores y Juan Vázquez de Vega:

> *En la ciudad de antequera en treynta días del mes de agosto de mili e quinientos ochenta años por ante mí el scrívano e testigos juan Vázquez pintor como principal deudor e francisco gutierrez de lepe alvañil como fiador e principal pagador vezinos desta dha ciudad de antequera... dixieron que por quanto el dho Juan Vázquez tiene de dorar e pintar el tabernáculo de la yglesia mayor desta dha ciudad e comofuere haziendo la dha obra se le tiene de yr pagando [...]*[133].

Este baldaquino que en la actualidad está instalado en la capilla mayor de la iglesia parroquial de San Pedro[134], nos recuerda lejanamente al que diseñó el maestro Siloé para la catedral de Granada. La media naranja ochavada, en su parte externa, está policromada con grutescos en sus gajos; internamente se desarrollan los temas del Salvador, la Virgen, San Pedro, San Pablo y los cuatro evangelistas, culminando en el centro con un Espíritu Santo. La cúpula, como se ha dicho, termina con una linterna rematada con una cruz, sobre la que hay pintado un Cristo.

Este es el primer documento que sobre la pintura de Juan Vázquez nos ha llegado, y es de gran importancia, ya que nos

---

133   A.H.M.A. Fondo Protocolos Notariales. Escribanía de Juan Pérez Berrio. Legajo nº 943, folios 391 v a 392r.

134   PAREJO, A. y ROMERO, J.: «El baldaquino de la Colegiata de Santa María la Mayor de Antequera». El Sol de Antequera. «Plazuela», 29 de mayo 1982.

podrá servir de base para efectuar nuevas atribuciones en un futuro, a falta de otras obras documentadas.

Como se habrá podido apreciar en este documento, que hemos transen: en su parte fundamental, nos aparece Francisco Gutiérrez de Lepe, apodo ccn el que era conocido el alarife Francisco Gutiérrez Garrido, dato bastante importante como veremos más adelante.

En este año de 1580, Juan Vázquez de Vega tenía su domicilio en calle Fresca, entre las casas de Alonso de Balza y la de los hijos menores de Juan de Carvajal, a quienes se la arrendó por precio de veinte ducados y por un período de un año. En el contrato de este arrendamiento se recoge que el artista además de la cantidad consignada debería de aportar como parte del precio del arrendamiento su trabajo en la limpieza y restauración de unos frescos que se encontraban en mal estado en la mentada casa[135].

El 16 de abril de 1587, Juan Vázquez, concierta con la beata María de Santo Domingo

> [...] de hazer una ymagen del glorioso Santo domingo de bulto e madera de siete quartas destatura de alto en la una mano un libro y En la otra una cruz el quento y ravo della metido En la boca de una sorrilla que a de estar A los pies de la dha Ymagen La qual A de ser gueca por las espaldas y En lo que toca A la pintura se ha de dar el avito negro y en a la rredonda por la orilla una orla de oro y negro pintada de tres dedos de ancho y el manto estrellado de oro y en la

---

135 A.H.M.A. Fondo Protocolos Notariales. Escribanía de Juan Pérez Berrio. Legajo nº 943, folios. 272r a 272v.

frente Una estrella grande de oro y en el lado yzquierdo siete estrellas doradas xuntas y a la capilla sea de dar la misma ora Ladura con su túnica y escapulario blanco con una orilla de una dedo de ancho de oro lizo y de la dha cruz y orlas doradas y con estrellas Las tablas y gravado y los gapatos negros Y la peana de la dha ymagen a de ser verde sobre que a de tener los pies [...][136].

El 18 del mismo mes y año, nuestro artífice firma un pliego de condiciones[137], con el alarife Francisco Gutiérrez Garrido y el escultor Juan de Montes, contratando la policromía y las pinturas de un retablo en cuya hornacina central iría la imagen de bulto de una Virgen, indicando que debe ser igual que el retablo de Gonzalo de León. No se especifica más, y en la actualidad en nuestra ciudad no se conserva ningún retablo que se amolde a la descripción que en el dicho pliego se efectúa. En cuanto a la referencia que se hace en el documento al retablo de Gonzalo de León, hemos de señalar que el referido retablo se ubicaba en la iglesia del convento de San Agustín, y fue contratada su hechura, en un principio, entre el dicho Gonzalo de León escribano del cabildo y público de esta ciudad y el alarife Francisco Gutiérrez el 14 de abril de 1584[138], que no llegó a ejecutarlo, ya que el 5 de mayo de 1586, el referido escribano, realiza un nuevo contrato para la hechura del retablo de su capilla, esta vez

136   A.H.M.A. Fondo Protocolos Notariales. Escribanía de Juan Fernández Aguilar. Legajo nº 311, folios 206r a 207v. Esta imagen, que no la hemos podido localizar en Antequera, es muy posible que ya no exista.
137   A.H.M.A. Fondo Protocolos Notariales. Escribanía de Benito Sánchez Herrero. Legajo nº 1.464, folios 502r a 503r.
138   A.H.M.A. Fondo Protocolos Notariales. Escribanía de Cristóbal Méndez. Legajo nº 1.194, folios 466v a 468r.

con Juan Vázquez de Vega[139], que sin duda debió de hacerlo. De este retablo la única pieza que se conserva es la imagen de bulto que iba en el centro, un San Roque. Se trata de una escultura de aproximadamente 1,30 m de altura delicadamente estofada y con los atributos del santo.

Además de estas obras, tenemos que el 27 de agosto de 1588, Juan Vázquez contrata con Juan de Berlanga la hechura de una imagen de Nuestra Señora del Rosario para localidad malagueña de Teba por precio de 36 ducados[140]. El trece de febrero de 1590, el Cabildo de la ciudad de Antequera le encarga la policromía de una talla de Santa Tecla[141]. En este mismo año de 1590, la Cofradía del Apóstol San Pedro de la ciudad de Lucena[142] le tiene encomendado a Juan Vázquez de Vega y a Antonio Mohedano de la Gutierra la policromía de una imagen de San Pedro, que fue tallada por Pablo de Rojas; en el documento se recoge que ambos artistas son vecinos de Antequera y naturales de Lucena. El 15 de octubre de 1592, Juan Vázquez realiza el dorado y pintura de un sagrario para el convento de Nuestra Señora de la Encarnación de Antequera, y además:

139 A.H.M.A. Fondo Protocolos Notariales. Escribanía de Juan Pérez Berrio. Legajo nº 915, folios 146v a 148v.

140 A.H.M.A. Fondo Protocolos Notariales. Escribanía de Benito Sánchez Herrero. Legajo nº 1.476, folios. 1.516r a 1516v.

141 A.H.M.A. Fondo Protocolos Notariales. Escribanía de Gonzalo de León. Legajo nº 35, folios. 92r.

142 GONZÁLEZ ZUBIETA, R.: *Vida y obra del artista andaluz Antonio Mohedano de la Gutierra (1563 - 1626).* Córdoba, 1981.

[...] que dos tableros questan a los lados tengo de pintar En ellos dos Santos de la orden de nrs a del carmen que an de ser santo alberto que a destar a la mano derecha y santo angelo a la siniestra[6].

Haremos referencia ahora a otra importante obra desaparecida: el retablo mayor de la iglesia franciscana de San Zoilo. El 9 de febrero de 1594:

[...] Antonio mohedano y Joan bazquez Están convenidos y consertados con Alonso rrodríguez pinazo síndico del convento de señor san francisco desta ciudad de dorar y pintar Un rretablo questa En El Altar mayor del dho convento de señor San Francisco de la forma y manera que se contiene En un memorial que va inserto con Esta Escritura[...].

El referido pliego de condiciones es el que a continuación transcribimos en su integridad dado su interés:

Condiciones con que sea de hazer El Retablo de Sant Franc° Para satisfacion del Padre guardian y convento
lo primero del Reparto de las maderas.
Primeramente que todas las maderas antes de a Parejillas sean de Reparar y fortalecer contra todos los vicios que con El tiempo les suelen venir los tableros con cañamo pardos hazer y la demas arquitectura con liengos ques negocio que importa mucho como fundamento de toda la obra, ansi de dorado como de Pintura de los aparejos
Es condicion que los aparejos ande ser firmes y delgados de suerte que no se ofusque-ni pierda filete ni membrezillo tie'lioda la arquitectura del dorado que toda la arquitectura sea de oro puro salvo Las figuras

de medio relieve que estas an de ser estofadas de colores y encarnadas
de pulimento y todo lo demas como digo de oro puro y para hermosura
de la obra se hagan algunas cosas de talla molduras de oro crespo que
se despeguen y diferencien de las cosas llanas que an de ser bruñidas.
de la pintura
Es condicion que todos los tableros lisos an de ser de Pintura buena
ansi historia como figura sola como nos fuere señalado y que a de ser
hecha de manera que desde lexos ques dedo sea de mirars alga confuerga
qualquiera cosa de suerte que nada se pierda de vista sino que todo
segoze como sí estuviese cerca y con buenos colores firmes y duraderos.
de las obligaciones
que para efecto deste obra señalado El tiempo En que se a dedar hecha
nos obligamos al tiempo nombrado y efecto della de darla hecha con las
condiciones dhas dando fianga firmes y seguras y el convento por su
parte haga lo mesmo dando persona llana y segura con bienes firmes.
de desarmar y armar El Retablo
Es condicion quel convento dearme y arme El Retablo a su costa y
que nosotros nos hallemos al desarmar Para señalallo por números y
ni mas ni menos nos ha liemos al armallo Para poner cada cosa En
su lugar y governallo.
En lo restante de las Pagas En la obligación quedara rresuelto de la
manera que an de ser adviniendo que nos obligamos a hazerlo En el
presío En que se Resolvio delante de Alonso de carrion mercader y del
Regidor alcoba y el Padre garda morales El Retablo fue de manera que
aora esta y aquello que allí esta hecho se conseno de dorar y Pintar.
Son seiscientos y quince ducados ansi mysmo es condicion que las
figuras quean de y En las caxas de enmedio que son san zoylo y un
cristo crucificado y san joan y ntra señora las an de dorar ansímismo

acaballas con toda pelfecion y el convento las a de dar fechas de madera
dentro deste mes a contar desde el día de la fecha
Las ymagenes de talla pintallas (tachado) a testa estas condiciones de
las ymagenes de tallas pintallas[143].

Este retablo fue sustituido por la comunidad franciscana, en el año 1787, por el actual de estilo de transición del rococó al neoclásico y obra del retablista antequerano Antonio Palomo.

El 31 de marzo de 1594 Juan Vázquez de Vega policroma una imagen de Nuestra Señora para el convento de la Encarnación de esta ciudad[144]. En 1596, el 22 de enero, contrata con Pedro Bernal y Teodoro Maldonado, la policromía de una talla de un Cristo Resucitado para los hermanos de la Cofradía de la Soledad de la localidad de Campillos, por precio de 300 reales[145]. Esta talla fue realizada por el escultor Andrés de Iriarte como veremos más adelante.

El último dato que tenemos hasta ahora de nuestro artífice es de 1597, y es un importante documento que nos acredita una vez más la faceta escultórica de este artista:

Sepan quantos esta carta vieren como yo Juan de Pastrana vezino que
soy en esta muí noble ciudad de antequera híxo lixítimo e natural de
tornas moreno de cabrilla vezino quefue della... declaro que entro por
aprendiz con Juan Vázquez natural de la villa de luzena carpintero

---

143   A.H.M.A. Fondo Protocolos Notariales. Escribanía de Alonso Aguilera. Legajo n° 913, folios 373r a 375v.
144   A.H.M.A. Fondo Protocolos Notariales. Escribanía de Pedro Gutiérrez Alvarez. Legajo n° 2.793, folios 500r a 50lv.
145   A.H.M.A. Fondo Protocolos Notariales. Escribanía de Francisco Rodríguez León. Legajo n° 65, folios 60v a 62r.

de blanco entallador y ensamblador rresidente en esta dha ciudad ques presente por tiempo y espacio de veinte e dos messes que an de comentar a correr desde mañana primero de enero [...][146].

Además de este artista sabemos, que nació en Lucena el 13 de octubre de 1549, fue bautizado en la iglesia parroquial de San Mateo. Contrajo matrimonio en la ciudad de Antequera el 12 de enero de 1592 en la parroquia de San Salvador con María Alvarez Cermeño, de su matrimonio nacieron tres hijos Juan en 1592, Jeronimo en 1593 y María en 1595. Por *último* nos consta que en febrero de 1599 había ya fallecido, al otorgar su esposa María Alvarez Cermeño una escritura de obligación con un tal Juan de la Cruz Ordoñez, en la que manifiesta ser viuda de Juan Vázquez de Vega.

---

146   A.H.M.A. Fondo Protocolos Notariales. Escribanía de Rodrigo Alonso de Mesa. Legajo nº 1.287, folios 5r a 6v.

José Hernández. Escultor y pintor

Pintor y escultor, que desarrolla su actividad entre el último cuarto del siglo XVI y principios del XVII. Hijo de Pedro Hernández y de doña Francisca de Toro, contrae matrimonio en la iglesia parroquial de San Isidro, el 24 de agosto de 1586. Fue hermano de la Cofradía de la Sangre y Santa Vera Cruz. En cuanto a su obra, hasta ahora solamente se le tenía documentada la policromía de la talla de un San Francisco ejecutada por el escultor Luis de Haya, a lo que hay que sumarle una imagen de bulto de un San Roque que le encarga Juan Ruiz Burgueño para la Cofradía de la Soledad. El contrato en su parte fundamental dice así:

> [...] una ymaxen de bulto de señor san rroque de estatura de vara y media de pasta con peana labrado el rropaxe al temple galanteado con unos orofreses e guarnición sembrados nnos purpurítos de oro en las partes donde mas convengan Y rostro y manos encamados de pulimento Al lado con un ángel y un perro por ynsignia de la altura E proporcion que convengan el cual tengo de dar Acabado a fin deste presente mes de mayo en toda proporcion e presencia A vista de Hernando Luque y a contento del dho juan rruyz burgueño e de los alcaldes que son de la dha cofradía [...][147].

En 1591 José Hernández, junto con el también escultor Andrés de Iriarte:

---

147 A.H.M.A. Fondo Protocolos Notariales. Escribanía de Francisco Gutiérrez Alvarez. Legajo nº 2.778, folios 377r a 379v.

[...] se obligavan y obligaron de hazer y entregar a blas navarro questa presente vezino de la ciudad de Estepa [...] una figura de Sant blas obispo de cinco quartas de alto sin la peana todo dorado y estofado lo que conviene fho y a cavado e a contento de Personas que lo entiendan [...][148].

Por el que cobran la suma de dieciocho ducados y medio, haciendo la entrega el día de Navidad.

Y por último en 1592, doña Isabel de Narváez, da carta de pago a nuestro escultor y pintor, por la hechura de un Cristo. El instrumento público, se redactó en la siguiente forma:

En la muy, noble ciudad de antequera en nuebe dias del mes de mayo de mili e quinientos e noventa e dos años en presencia de mi el escrivano plublico y testigos de yuso escriptos Jusepe Hernández vecino desta ciudad dorador de Ymaxenes al cual yo el dho escrivano doy fee que conozco otorgo aver rrecibido E que rrecibio de dona Ysabel de Narbaez viuda muger que fue de feo. muñoz rredroxo quesea en gloria dos ducados en mi presencia e de los testigos de yuso Escriptos de que doy fee E con los dhos dos ducados el susodho declaro estar pagado de veinte e un ducados que la dha dona Ysabel esta obligada a el pagar de la mitad de la hechura de un cristo que la hecho para una capilla de la susodha y de don pedro de padilla El qual le a de pagar la otra mitad.... otro si el dho jusepe Hernández díxo cue porque en el paño que lleba la hechura del dho cripsto a hecho cierras

---

148   A.H.M.A. Fondo Protocolos Notariales. Escribanía de Benito Sánchez Herrera. Legajo nº 1.478, folios 2.732r a 2.732.

demasías que la mitad dellas acabado de hacer la dha dona Ysabei Lea de pagar La dha mitad de demasía [...][149].

Isabel de Narváez fue copatrona de la capilla mayor de la iglesia parroquial de San Salvador, en cuyo altar estaba ubicada una imagen de un Cristo crucificado, que en la actualidad se encuentra depositado en la iglesia del antiguo convento del Carmen, y que es denominado como Cristo de la Paz. Se trata de una escultura de gran belleza plástica que representa a Cristo crucificado y muerto, con la cabeza inclinada sobre su pecho. El tratamiento anatómico es correcto, las piernas aparecen ligeramente flexionadas y los pies atravesados por un solo clavo.

---

149   A.H.M.A. Fondo Protocolos Notariales. Escribano Gonzalo de León. Legajo n° 19, folios 285r a 285v.

Lorenzo de Medina. Arquitecto y escultor

Lo localizamos de la mano de Francisco Gutiérrez Garrido, en la obra del convento de Nuestra Señora de la Encarnación, como ya hemos indicado trabajando el coro, como arquitecto y estuquista en 1584. Posiblemente este Lorenzo de Medina, sea oriundo de Ecija[150].

En 1587, la Cofradía de San Miguel otorga escritura con el escultor, encargando la talla del bulto redondo de una Virgen, esta imagen se conserva en la actualidad, el precio convenido fue de 50 ducados.

> *[…] Lorenzo de Medina se obligaba y y obligo de hacer para la dicha cofradía una imagen de nuestra señora de altura de vara y media con su peana, entrando la plana en la dicha vara y media la qual hará de bulto de buena madera e de escultura e pintura e toda dorada y estofada con su manto y el manto a de ser dorado sin estofo e las demás ropas de la dicha imagen a de ser dorada y estofada […][151].*

---

150   El cronista oficial de Montilla Enrique Garramiola Prieto, dedica un artículo al escultor Lope de Medina, que dicer ser hijo de Lorenzo de Medina. Posiblemente estemos hablando del mismo personaje. *Crónica de Córdoba y sus pueblos, XIII.*
151   A.H.M.A. Fondo de Protocolos Notariales. Escribano Gonzalo de León. Legajo nº 663.

Baltasar López

De Baltasar López sabemos que en 1581 realiza una imagen de Nuestra Señora del Rosario para la Cofradía de la Caridad de Antequera[152].

El seis de diciembre de 1583, Baltasar López se obligó con:

> [...] la cofradía y hermanos de nuestra señora del rrosario de la viflade pedrera y el señor licenciado xptoval de castro de la orden de santiago cura de la yglesia de la dha villa de pedrera y a quien de ellos lo oviere de aver una ymaxen de bulto de nuestra señora de materia de pasta de liengos de estatura de siete quartas de alto poco mas o menos con su corona y manto dorados de la forma que se rrequiere Para estar acabada en perfecion [...][153].

También en 1583, con la vecina de Archidona Francisca García Guerrero:

> [...] se obligó de hacer una San Juan bautista de vara y quarta syn peana de pasta y dorado [...][154].

En ese mismo año de 1583, tenemos documentada otra imagen de la Virgen del Rosario en esta ocasión para la villa de

---

152 BARRERO BAQUERIZO, F.: Historia de Antequera, 1741, ms.

153 A.H.M.A. Fondo Protocolos Notariales. Escribanía de Diego de Carvajal. Legajo nº 1.766, folios 470r a 47 lv.

154 A.H.M.A. Fondo Protocolos Notariales. Escribanía de Alonso de Aguilera. Legajo nº 895. Dato facilitado por el investigador Manuel Garrido Pérez.

Pedrera, en pasta, por importe de 40 ducados, encargada por el licenciado Cristóbal de Castro:

Sepan quantos esta carta vieren como yo baltasar lopez pintor vezino que soy en esta muy noble ciudad de antequera e otorgo y conozco por esta presente carta que vendo y me obligo de dar y entregar a la cofradia y hermanos de nuestra señora del rrosario de la villa de pedrera y al señor licenciado xptoval de castro de la orden de santiago cura de la yglesia de la dha villa de pedrera y a quien de ellos lo oviere de aver una ymaxen de bulto de nuestra señora de materia de pasta de lienços de estatura de seite quartas en alto poco mas o menos con su corona y manto dorados de la forma que se rrequiera Para estar acabada en perfecion la qual le e vendido por precio de quinze mill maravedies que por ella me han de dar e pagar [...][155].

---

155   A.H.M.A. Fondo Protocolos Notariales. Escribano Diego de Carvajal. Legajo nº 1.766.

Luis de Haya

Para el vecino de la villa de Alora Juan Vázquez Bajamón, el escultor Luis de Haya talla, el 31 de octubre de 1592, un San Francisco de cinco cuartas de alto por precio de 14 ducados para el monasterio de San Francisco de Antequera[156]. Esta escultura será policromada en 1593 por el pintor José Hernández[157].

En la muy noble ciudad de Antequera en treinta y un dias del mes de octubre de mill e quinientos e noventa e dos años ante mi diego de Vilches escrivano del rrey nuestro señor e del numero desta ciudad e de los testigos de yuso escriptos parecio Luis de La Haya escultor vezino desta ciudad (perdido)
se obligaba y obligo de hazer un (perdido)
figura de san francisco de cinco quartas en alto con peana con una cruz en (perdido)
yzquierda y en la derecha un (perdido)
con su rropaje abito (perdido)
el qual a de dar hecho de madera de (perdido)
entoda perfecion el qual entregara A frai Juan Chamigo fraile en el monasterio de señor San francisco desta ciudad de aqui a el dia de (perdido)
de navidad primero que viene deste presente año e por rrazon dello Juan Vazquez Bajamon vezino de la villa de alora hijo de domingo rruiz (perdido)

---

156   A.H.M.A. Fondo Protocolos Notariales. Escribanía de Diego de Vilchez. Legajo n° 19, folios 696r a 697v.
157   A.H.M.A. Fondo Protocolos Notariales. Escribanía de Juan Villalba. Legajo n° 1.894, folios 120r a 121v.

[…] to que es esta presente le a de dar catorce ducados […][158].

Otra obra que hemos documentado de este escultor es una imagen de un San Juan Evangelista de siete cuartas que le encarga un vecino de Málaga, en 1595, llamado Diego Bastardo[159].

En la muy noble ciudad de antequera En tres dias del mes de julio de mill e quinientos E noventa E cinco años en presencia de my bartulome de porras escrivano de su magestad e publico del numero desta dha ciudad e de los testigos aqui contenidos parecio Luis de la haya escultor vezino desta ciudad e dixo que se obligaba y obligo de hazer para diego bastardo vezino de la ciudad de malaga Una hechura de san juan evangelista de madera que tenga de alto con la peana siete quartas y se lo dara y entregara en toda perfecion e de madera buena puesta en esta ciudad de antequera en casa del dho otorgante en todo el mes de agosto prosimo venydero deste presente año de la fecha desta scritura y a contento del dho diego bastardo y por El le a de dar E pagar al dho veynte y dos ducados

---

158   A.H.M.A. Fondo Protocolos Notariales. Escribano Diego de Vílchez. Legajo nº 19.
159   A.H.M.A. Fondo Protocolos Notariales. Escribanía de Bartolomé de Porras. Legajo nº 1. 127, folios 81lv a 812r.

Luis Fernández. Pintor

De este pintor tan sólo tenemos que en 1580 realiza un retablo para el convento de la compañía de Jesús por encargo de Benito Sánchez de las Sercas y Nicolás Ruiz, por precio de 66 ducados. El retablo fue realizado por completo en tableros pintados, los temas de los seis centrales divididos en tres calles eran en los dos centrales un Crucificado con San Juan y la Virgen a los lados; y el parto de Santa Ana. Y en las otras calles, una Concepción; San Juan Bautista; San Miguel; y Santa Catalina[160].

---

160   A.H.M.A. Fondo Protocolos Notariales. Escribanía de Alonso de Aguilera. Legajo nº 922, folios 739v a 742r.

Juan de Montes. Escultor

Escultor de origen flamenco, sabemos que vivió en la calle del Río y que debió de tener algún vínculo de amistad con el maestro alarife y estuquista Francisco Gutiérrez Garrido, ya que el mismo actúa como avalista tanto en el arriendo de la casa[161], como en el contrato de su única obra documentada, que por desgracia no se conserva. Se trata de un retablo para la capilla del escribano público Alonso Nieto en el convento de San Agustín.

El trabajo lo encarga la viuda del referido escribano, doña Leonor de la Torre en 1586 por precio de 276 ducados. Este retablo tenía que tener una altura desde el frontis hasta el asiento del banco de 3,62 metros y un ancho de 2,78 metros. Mezclaba los motivos realizados a pincel con los temas representados en medio relieve, la figura central era una imagen de bulto de Nuestra Señora de las Necesidades:

> [...] ymagen de nuestra señora con un niño En los braços y a destar en pie de bulto rredondo con un vestido y rropage a lo greciano [...][162].

Este retablo fue dorado y estofado en 1587 por Juan Vázquez de Vega[163].

---

161 A.H.M.A. Fondo Protocolos Notariales. Escribanía de Benito Sánchez Herrera. Legajo n° 1.422, folio 1.272v.

162 A.H.M.A. Fondo Protocolos Notariales. Escribanía de Diego de Carvajal. Legajo n° 1.868, folios 274r a 277v.

163 A.H.M.A. Fondo Protocolos Notariales. Escribanía de Benito Sánchez Herrera. Legajo n° 1.464, folios 502r a 503r.

Alonso Quintero. Pintor

Pintor al que se le encarga en 1595 la decoración de la capilla de la Cofradía de San José en el Real Monasterio de San Zoilo. Esta capilla se ubicaba en el compás del convento y entre otras cosas los hermanos de la cofradía le encargan a Alonso Quintero una sarga en la que tenía que ir representado un Niño Jesús y un San José. En el contrato actúa como avalista el también pintor José Hernández[164].

---

164 A.H.M.A. Fondo Protocolos Notariales. Escribanía de Alonso de Aguilera. Legajo nº 926, folios 201r a 202v.

Cristóbal de Mesa. Pintor

También pintor, al cual le encomienda el Regidor don Fernando Chacón de Narváez en 1596 el pintar:

> *[...] en un paramento de tarasea diablillos e mascaras para las fiestas del corpus [...]*[165].

---

165   A.H.M.A. Fondo Protocolos Notariales. Escribanía de Miguel Fernández Merodio. Legajo nº 325, folios 387r a 387v.

Alonso Martín Alamilla

De este ensamblador sabemos que estuvo activo en nuestra ciudad entre 1577 fecha en la que otorga carta de dote a favor de su esposa doña Magdalena de la Paz[166] y 1604 fecha en la que dispone su testamento y últimas voluntades[167]. De su obra adelantamos que realizó el retablo mayor de la capilla de la Archicofradía de la Sangre de Antequera y toda la obra de carpintería del convento de Santa Clara, igualmente de Antequera. Nada se conserva de su obra hasta ahora documentada.

---

166   A.H.M.A. Fondo Protocolos Notariales. Escribanía de Gonzalo Fernández de la Torre. Legajo nº 1.704, folios 871r - 872v.
167   A.H.M.A. Fondo Protocolos Notariales. Escribanía de Gonzalo Fernández dé la Torre. Legajo nº 1.704, folios 871r- 872v.

Antonio de Osuna. Entallador

Le tenemos solo documentada una obra una reja para la capilla del escribano del número Gonzalo de León, en el monasterio de San Agustín, por precio de 16 ducados.

> *En la muy noble ciudad de antequera en seis dias del mes de diciembre ano de mill quinientos y ochenta e cinco años en presencia de mi el scrivano publico e testigos aqui quontenidos parecio antonio de osuna entallador vezino de la ciudad de Malaga a quien doy fe que conozco e se obligo de haser y dar hecho y acabado e puesto En perfecion a el sr. gongalo de Leon scrivano del cabildo desta ciudad questa presente una Rexa de madera para poner en la capilla que tiene el dho sr. gonzala de Leon en el monasterio del Señor SAnt agustin desta ciudad la qual a De hazer conforme a el modelo E traza que queda en poder del dho gonzalo de Leon firmada de mi el dho scrivano conque en el lugar del escudo que tiene la dha traza se cirba una corona y remate el dho gonzalo de Leon le a de dar toda la madera [...][168].*

---

168 A.H.M.A. Fondo Protocolos Notariales. Escribano: Benito Sánchez Herrera. Legajo nº 2.539.

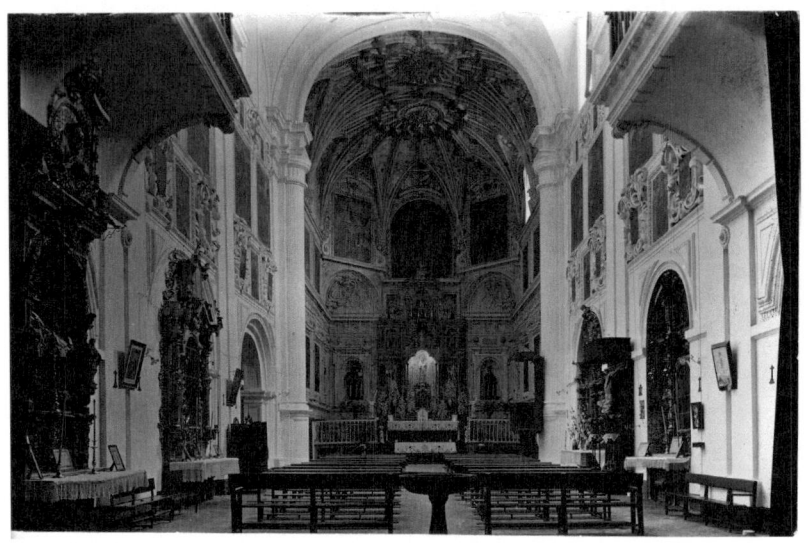

Interior del convento de San Agustín.
(A.H.M.A. Fondo Fotográfico)

LA PLENITUD DEL CÍRCULO.
EL SIGLO XVII

Durante el siglo XVII, el círculo artístico antequerano al-
canzará su desarrollo y plenitud, a los ya artistas locales, se sumará
un importante número de otros venidos de toda Andalucía que
darán forma definitiva y carácter a la producción desarrollada
en las Tierras de Antequera.

Una característica de este periodo la va a dar la existencia
de un grupo familiar que de alguna manera vertebrará la producción artística y que se van a convertir en un indiscutible
referente, me refiero a los Castillo. La saga comienza con Juan
Bautista del Castillo, hijo de un carpintero de lo blanco Francisco
Sánchez del Castillo, él y toda su familia estarán presentes a lo
largo de todo el siglo XVII.

En este periodo, además comienza el academismo, los pintores de la ciudad, encabezados por Antonio Herman del Castillo,
su primo Francisco del Castillo, Manuel de Borja, entre otros
constituirán una agrupación de fieles en el entorno de la iglesia
parroquial de Santiago, teniendo como titular a San Lucas, que
posteriormente en el siglo XVIII, se transformará con la llegada
de los Borbones, en Academia de Nobles Artes.

Juan Bautista del Castillo (1581-1657). Escultor

[...] que fue muy estimado y conocido por uno de los más eminentes escultores de España e hizo obras en que su nombre pueda eternizarse [...][169].

De esta forma nos lo describe una de las historias manuscritas que se conservan en el Archivo Histórico Municipal de Antequera.

Nacido en Antequera, el 25 de julio de 1581. Hijo de Francisco del Castillo y de Catalina Muñoz del Viso y bautizado en la iglesia parroquial de San Pedro. Contrae tres veces matrimonio, el primero en 1602 con María de Torres, hija de Marcos Martín y de María de Aguilera, en la ifglesia parroquial de Santa María la Mayor. De este matrimonio no consta que tuvieran hijos.

En 1615, concretamente el 20 de abril, contrae nuevas nupcias con Juana de Dueñas, hija de Pedro Hernández Pinto y de Leonor Muñoz Delgado, en la parroquia de San Pedro actuando como testigos, entre otros, Antonio Mohedano y Gabriel Ortiz. Debemos aclarar que ambos son dos importantes pintores antequeranos. Sobre todo Antonio Mohedano de la Gutierra, personaje clave en el desarrollo del círculo imaginero antequerano y en el ámbito de la cultura en general. Las relaciones de Juan Bautista del Castillo con Antonio Mohedano parecen ser continuas a lo largo de su vida y aparecerán relacionados en numerosos documentos, como iremos viendo a lo largo

---

169   A.H.M.A. Biblioteca Auxiliar. Cabrera, F. de. *Descripción de la fundación, antigüedad, lustre y grandezas de la muy noble ciudad de Antequera.*

del trabajo. Este documento es el primero en que aparece un vínculo entre ambos en este caso de amistad. De este segundo matrimonio nacerán dos hijos: José, el 4 de noviembre de 1619, y Juan Bautista, el 23 de abril de 1623.

El 18 de abril de 1615, se otorga escritura de dote por un valor total de los bienes aportados por su esposa Juana de Dueñas de 268.490 maravedíes. Así mismo, Juan Bautista del Castillo otorgó en el mismo día y ante el mismo escribano escritura de capital por un importe total de bienes de 337.967 maravedíes. Esta, su segunda esposa, fallece en 1623, otorgando previamente testamento el 20 de agosto ante el escribano Juan Vizcaíno Zavala.

Apenas mes y medio después, el 8 de octubre del referido año1623, Juan Bautista del Castillo contrae su tercer y último matrimonio con María Carrillo, ahora en la parroquia de San Sebastián, actuando como testigos su amigo el pintor Antonio Mohedano de la Gutierra y el escribano público de número Francisco Gutiérrez Álvarez. De este, su tercer matrimonio, nacerán tres hijos, todos bautizados en la parroquia de San Pedro: Francisco, el 1 de septiembre de 1626; Ana, el 1 de noviembre de 1628; y Antonio, el 1 de febrero de 1635.

Al igual que en su anterior matrimonio, en este también se otorgan escrituras de dote por parte de su esposa María Carrillo por un valor total dc 467.125 maravedíes con fecha 18 de agosto de 1623, y de capital por 554.708 maravedíes el 29 de agosto del mismo año.

Las dos escrituras de capital otorgadas por Juan Bautista del Castillo son una importante fuente de información, ya que independientemente de la descripción de bienes inmuebles y de obligaciones que aporta al matrimonio, en ambas aparece un detallado inventario de herramientas de trabajo con lo que obtenemos un conocimiento sobre los artefactos o instrumentos utilizados en la época para el desarrollo del oficio de escultor.

La información que ofrecen estos documentos es de primer orden, aportándonos una idea muy aproximada sobre el entorno de trabajo de un escultor del siglo XVII, incluso indicando alguna obra comenzada en el taller.

Sobre los primeros años de vida y formación artística de Juan Bautista del Castillo, no hemos podido localizar, en el presente momento, documentación alguna. Sabemos que su padre, Francisco Sánchez del Castillo, ejercía como albañil, aunque en algunos documentos aparece como alarife. Este debió de tener una posición económica un tanto desahogada, o al menos eso se desprende de los documentos consultados.

El 3 de marzo de 1614, Francisco Sánchez del Castillo otorga escritura pública por la que emancipa a su hijo Juan Bautista y en la cual indica que este es mayor de treinta años.

En cuanto a su obra, poca es la que nos ha llegado a nuestros días o al menos poca es la que en la actualidad está correctamente documentada. Debido, como hemos dicho al principio, sobre todo a una falta de investigación sistemática en general de las actividades de estos artesanos de lo suntuoso. No obstante, haremos algunas aportaciones que creemos son interesantes.

Así el 2 de agosto de 1618, Cristóbal de Villalta y Lara conviene con Juan Bautista del Castillo la hechura de una escultura de bulto redondo de un San Juan Bautista para la iglesia parroquial de San Juan de Antequera, por precio de 50 ducados. Por medio de una escritura pública que dice así:

[…] haga la dha ymagen de San Juan de Madera de pino y de talla entera que Tenga de largo ocho quartas con la peana En que a de estar con su cordero hecho desCultura en toda perfecion u con su cruz. Esto se entiende sin pintura y que le de por ello cinquenta ducados [...][170].

El Padre Andrés Llordén también nos aporta información sobre la obra de este importante escultor antequerano. Así, en un artículo publicado en la revista *Jábega*, nos habla sobre la construcción del retablo mayor de la iglesia parroquial de San Sebastián de Antequera:

[…] Construido el retablo en su parte arquitectónica, restaba tan sólo completarlo para su perfección con siete imágenes proyectadas que habían de ocupar los nichos u hornacinas. Los canónigos eligieron para tal fin al tallista más acreditado en Antequera, Juan Bautista del Castillo, y con él se concertaron en principio, aunque posteriormente será otro el escultor autor de las mismas, concretamente el granadino Juan Pérez de Arta, al interponer un recurso de nulidad, contra el contrato firmado entre Juan Bautista y las fabricas, alegando poseer mejor derecho. La pintura, dorado y estofado del retablo estuvieron a cargo de Bartolomé de Raxis, trabajos todos ejecutados de 1622 a 1624 por estos artífices granadinos con un coste total aproximado de 2.250 ducados. Este retablo tan sólo llegó a sobrevivir 67 años, al haberse reducido a pavesas en un pavoroso incendio el 11 de noviembre de 1691, como consecuencia de la explosión provocada por dos mona-

---

170   A.H.M.A. Fondo de Protocolos Notariales. Escribano Hernán Gómez de Padilla. Legajo nº 990.

guillos, que dejaron caer un vela encendida en un deposito de cohetes
para las celebraciones que se ubicaba a los pies de la capilla mayor.

Otra obra documentada de Juan Bautista del Castillo es la
que contrata con el convento de Nuestra Señora del Carmen
de Antequera, el 29 de julio de 1631. Se trata de una talla de
un San Elías:

> [...] *entregar una hechura de santo Elías para el dho convtº de dos*
> *varas de alto sin la peana de pino de hechura y el modo de la capa a*
> *de ser como El dho padre Prior del dho convtº declarare conmigo El*
> *dho otorgante y a de llevar en la mano derecha una espada de fuego*
> *Y en la mano izquierda el manto recoxiendole Las (perdido) con el*
> *pelo afuera acabado perfecto según el arte para fin del mes de febrero*
> *Primero del año de seiscientos treinta e dos Por precio de seiscientos*
> *y treinta reales[...]*[171].

Hemos conseguido, además, documentar numerosos trabajos que podríamos calificar como menores. Me refiero a la
hechura de manos para imágenes, aderezos, reparaciones o
restauraciones, etc. Todo este cúmulo de pequeños trabajos se
halla referenciado, de manera dispersa, en los diversos asientos
de los libros contables de las distintas cofradías de Antequera,
depositados en el Archivo Histórico Municipal, al que nos remitimos. Aquí tan solo damos conocimiento de que los realizó,
sin pasar a describirlos, por lo tedioso que podría resultar.

---

171   A.H.M.A. Fondo de Protocolos Notariales. Escribano Alonso Fernandez Merino. Legajo nº 1.631.

Por último, queremos hacer referencia a un aspecto de su mentalidad. Como hombre del siglo XVII andaluz, estaba imbuido del espíritu religioso de la época. En este sentido queremos hacer constatar que fue hermano de la Cofradía del Santo Cristo de las Penas erigida en la iglesia parroquial de San Pedro, de la que incluso llegó a ser fundador en 1652, año en el que se constituyó. Como así consta en la historia manuscrita de la ciudad redactada por D. Francisco Barrero Baquerizo.

Juan Bautista del Castillo fallece el 28 de marzo de 1657, otorgando testamento ante el escribano público Alonso Fernández Merino en 1643. En el referido testamento, redactado muchos años antes de su muerte, no hace referencia alguna a su productividad artística, sobre débitos u obras pendientes de entregar; sí, en cambio, es muy minucioso con su patrimonio. Sin duda debió redactarlo en su momento, más como una medida preventiva que como una necesidad ante una posible cercana muerte.

Pedro Sánchez del Castillo. Escultor

De este imaginero poco o casi nada se conoce. Da a conocer su nombre Miguel Bago Quintanilla, en la segunda serie de sus «Aportaciones documentales» en *Documentos para la Historia del Arte en Andalucía,* publicado en 1928, donde pasa a transcribir un documento crucial, la carta de aprendiz en el taller de Juan Martínez Montañez, que fecha en 1605, donde se dice tiene 13 años y entra por seis.

Este futuro joven escultor era hijo de Francisco Sánchez del Castillo y de Catalina Muñoz del Viso y por lo tanto el hermano menor de Juan Bautista del Castillo. Sabemos tan solo que esta bautizado en la iglesia parroquial de San Pedro en 1593.

El investigador del arte José Luis Romero Torres lo recoge en dos ocasiones en el catálogo de la exposición sobre Martínez Montañez que se celebra en honor al 450 aniversario del nacimiento del escultor y en su publicación *La escultura del Barroco,* dentro de «Historia del Arte en Málaga», tomo 10, publicada por «Diario Sur».

Andrés de Iriarte (¿-1604). Escultor

Comenzaremos aportando algunos datos biográficos de este escultor, En 1601 compra una casa al pintor José Hernández en la calle de la Puerta Chica del convento de San Francisco, es decir, la actual calle Trasierras[172]. Contrajo matrimonio en 1602 con María Muñoz del Castillo, en la iglesia parroquial de San Pedro[173], esta era hija de Francisco Sánchez del Castillo y, a su vez, hermana del también importante escultor Juan Bautista del Castillo.

María Muñoz otorga carta de dote a favor de su esposo, el 19 de agosto del mismo año, aportando bienes por valor de 124.561 maravedíes[174].

De él tenemos documentado que el diez de octubre de 1595 se obliga con Pedro Bernal y Teodoro Maldonado, vecinos de Campillos y hermanos de la Cofradía de Nuestra Señora de la Soledad de la referida localidad:

> [...] de hazer una hechura de cristo rresucitado de madera maciça e seca de cerezo entallado con su peana e diadema con tres potencias de laltura e tamaño acabado en perfecion como el Apto rre(ucitado del convento del carmen desta dha ciudad Abista e contento d ejoan Bazquez e antonío mohedano vezinos desta ciudad[...][175].

---

172   A.H.M.A. Fondo Protocolos Notariales. Escribano Agustín Méndez. Legajo nº 29, folio 82v.

173   A.H.M.A.F.P. Archivo de la Parroquia de San Pedro. Matrimonios. Libro II, folio 318.

174   A.H.M.A. Fondo Protocolos Notariales. Escribano Juan de Villalba. Legajo nº 1.723, folios 343r a 346v.

175   A.H.M.A. Fondo de Protocolos Notariales Escribano Francisco Rodríguez León. Legajo nº 2.005, folios 884r 885v.

Esta talla, fue policromada por Juan Vázquez de Vega.

En 1597, Pedro García, mayordomo de la Cofradía de la Oración del Huerto de la Villa de Cañete la Real, contrata por precio de veinte ducados con Andrés de Iriarte:

> [...] una figura de xto de cuerpo que este orando incado de rrodillas la qual a de tener dos varas en largo y cinco quartas íncado de rrodillas y tres quartas lebantado en su peana y un angel de media vara poco mas o menos con un caliz en la mano izquierda y en la derecha una cruz con un arbol y un belo de donde a de salir la figura de dho angel [...][176].

El 17 de noviembre de 1598, este maestro de escultura pacta con Juan Ramírez Cordonero y Alonso Carlos, vecinos de Antequera, la hechura de un San Blas para la iglesia parroquial de San Sebastián[177]. Esta imagen tampoco se conserva, ya que la actual es de Andrés de Carvajal.

En el año 1600, según referencia verbal del P. Andrés Llordén al historiador Jesús Romero Benítez, Andrés de Iriarte hizo una talla de la Virgen de Gracia, similar a la de los Trinitarios de Granada, para la Ermita de San Bartolomé. Esta se conserva actualmente en la capilla del sagrario de la iglesia de los Remedios de Antequera y se la viene denominando como Virgen del Rosario.

---

176   A.H.M.A. Fondo de Protocolos Notariales. Escribano Diego Vilchez. Legajo nº 648, folios 40r 42v.
177   A.H.M.A. Fondo de Protocolos Notariales. Escribano Martín Vergara Alvarado. Legajo nº 957, folios 816v 817r.

En 1601 compra una casa al pintor José Hernández en la calle de la Puerta Chica del convento de San Francisco, es decir, la actual calle Trasierras[178]. Contrajo matrimonio en 1602 con María Muñoz del Castillo, en la iglesia parroquial de San Pedro[179], esta era hija de Francisco Sánchez del Castillo y, a su vez, hermana del también importante escultor Juan Bautista del Castillo. María Muñoz otorga carta de dote a favor de su esposo, el 19 de agosto del mismo año, aportando bienes por valor de 124.561 maravedíes[180].

Volviendo con su obra, en 1592, Juan de León Belmonte le encarga la hechura de un Cristo Resucitado de dos varas de altura en madera de pino, por el cual pagará 244 reales[181]. Esta imagen podría ser perfectamente la que se conserva en la iglesia de Nuestra Señora del Carmen de Antequera.

En 1594, Juan López Melero encarga a Andrés de Iriarte por precio de 17 ducados un Cristo crucificado muerto de siete cuartas de tamaño. Esta escultura no ha podido ser localizada[182].

---

178   A.H.M.A. Fondo de Protocolos Notariales. Escribano Agustín Méndez. Legajo n°29, folio 82v.

179   A.H.M.A. Fondo Parroquial. Archivo de la Parroquia de San Pedro. Matrimonios. Libro 329, folio 318.

180   A.H.M.A. Fondo de Protocolos Notariales. Escribano Juan de Villalba. Legajo n° 1.723, folios 343r a 346v.

181   A.H.M.A. Fondo de Protocolos Notariales. Escribano Benito Sánchez Herrera. Legajo n° 1.333, folios 721r a 721r.

182   A.H.M.A. Fondo de Protocolos Notariales. Escribano Diego de Carvajal. Legajo n° 1.908, folios 351r a 352v.

En 1599, contrata con Francisco Pérez Hurtado alcalde ordinario de la villa de Archidona y con Juan Sánchez de Alfaro su hermano[183]:

> [...] *de hacerles un San Jerónimo de talla con su Cristo e piedra en las manos de la forma que va declarado e que lo he de dar hecho de talla para el día de San Pedro primero venidero de este presente año para cuando se me ha de dar e pagar por lo susodicho veinte ducados e para que tendrá cumplido efecto quedamos de hacer escritura para que cada uno cumplirá con lo que tiene prometido e poniéndolo en efecto por la presente otorgó que para el dicho de San Pedro primero de este año daré y entregaré en la dicha ciudad de Antequera a los susodichos e a cualquier de ellos la hechura del dicho San Jerónimo de talla bien hecho e acabado que ha de ser con un Cristo en la mano izquierda y en la derecha una piedra, de siete cuartas, con león y capelo e calavera con las demás señales que suele tener la hechura de San Jerónimo e su libro [...]*[184].

En 1601, Iriarte contrata con Pedro Maldonado:

> [...] *vezino de la villa de almogia que esta presente Una ymaxen de san rroque de grandor e proporcion que El questa En la capilla de*

---

183   GARRIDO PÉREZ, M. «Un documento inédito del escultor antequerano Andrés de Iriarte (†1604). Un San Pedro y un San Pablo y un san Jerónimo para Archidona (1599)». *Revista de Estudios Antequeranos*. Antequera, 2017.
184   A.H.M.A. Fondo Protocolos Notariales. Escribanía de Juan de Herrera, año 1599, fol. 334r- 335v.

Gonçalo de leon ques en el convento de señor san agustin y a de yr con angel todo dorado [...][185].

También en la villa de Archidona, Andrés de Iriarte contrata con doña María Vázquez y su esposo Don Pedro Ponce de León[186].

[...] tenemos mandado hacer en la ciudad de Antequera dos hechuras de San Pedro y San Pablo. A cuya cuenta tenemos dado doce ducados a el maestro que los ha de hacer. Mando quiero y es mi voluntad que mis herederos dentro de dos años que han de correr y contarse desde el día de mi fallecimiento han de ser y quedar obligados a hacer traer a su costa las dichas dos hechuras y pagar la cantidad de maravedís que tenemos concertado de dar a el entallador, la cual cantidad parecerá por escritura ante Bartolomé Ximénez de la Torre o ante uno de los escribanos de esta villa y el dicho entallador reciba en cuenta los dichos doce ducados [...].

Por último, indicar que Andrés de Iriarte fallece en 1604, otorgando testamento el 27 de octubre de dicho año, aportándonos en el referido documento un importante inventario de obras, que transcrito en su parte fundamental nos dice:

---

185   A.H.M.A. Fondo de Protocolos Notariales. Escribano Juan de Villalba. Legajo nº 1.723, folios 281v a 282v.
186   GARRIDO PÉREZ, M. «Un documento inédito del escultor antequerano Andrés de Iriarte (†1604). Un San Pedro y un San Pablo y un san Jerónimo para Archidona (1599)». *Revista de Estudios Antequeranos*. Antequera, 2017.

[...] *Yten mando que quando la voluntad de Dios nuestro señor fuere servída de me llebar desta presente vida mí cuerpo sea sepultado En la yglesia de señor san francisco desta ciudad En la capílla de la sangre de donde soy hermano [...]*

[...] *Yten declaro que el Jurado anton garcia portillo me mando hazer una hechura de señor San lorenzo e para en quenta de lo que me avía de dar de mi travajo tengo rrecividos seis ducados niando que se le rrecivan en quenta acavandose La dha hechura [...].*

[...] *Yten mando y declaro que ami me mando hazer frai graviel de la cruz de la orden de nuestra señora del carmen una hechura de señor santangelo e para enquenta dello mea dado quatro ducados mando se le recivan en quenta [...].*

[...] *declaro que me debe la cofradía de la umildad questa En nuestra señora de la vilorta e francisco de aragon en su nombre ciento e noventa e un reales de ciertas hechuras que hize para la dha cofradía mando que se cobren del dho franc⁰ de aragon declaro que me debe franc⁰ de Moreno quatro ducados y medio de ciertas hechuras que híze mando que se cobren del declaro que me deve miguel de la torre vezino desta ciudad veinte e un rreales mando que se cobren del Yten declaro que me debe alonsso gil el moço vezino desta ciudad diez y seis rreales de una hechura de un xpto que le hize mando que se cobren del declaro que me debe francísco de velman vezino de La villa de archidona diez rreales mando que se cobren del declaro que me debe pedro covo vezino de la villa de alora diez rreales de una hechura de una cruz mando que se cobren del o buelba la dha hechura declaro que alonso rrodriguez pinazo vezino desta ciudad me a dado diez y seis ducados a quenta de ciertas hechuras que me mando hazer e por no averlas acavado se entregue una hechura de un xpto la qual dha hechura merecida de my travajo veinte y quatro ducados de forma que de a dha hechura*

que le tengo entregada me deve ocho ducados declaro que me deben
las monjas de santa clara cien rreales de la hechura de una ymaxen
de santa clara mando que se cobren declaro que pedro ponse vezíno
de la villa de archídona me mando hazer ciertas hechuras muchosos
días A e para quenta medio doze ducados e me quedo A deber para
quando le entregara las dhas hechuras diez y seis ducados mando que
si las dhas hechuras se le entregaron mando que se cobren del [...].

En el mismo testamento, manifiesta no tener hijos y nombra
por su única heredera a su esposa[187].

---

187   A.H.M.A. Fondo Protocolos Notariales. Escribano Juan de Villalba. Legajo nº
1.718, folios 181r a 184v.

Francisco del Castillo (1626-1678). Pintor

En las fuentes historiográficas conservadas de nuestra ciudad, existe un capítulo que no falta en ninguna de ellas. El título genérico es *Personas eminentes de esta ciudad que han florecido en música, poesía y otras facultades y artes*, y dentro del mismo aparece un apartado dedicado al mundo del arte, y al que ampliamente hemos aludido ya al principio de este trabajo.

De entre todas las obras consultadas, la más rica es sin duda la del Padre Cabrera. Haciendo alusión a una serie de pintores y escultores antequeranos que han destacado por su calidad en la ejecución de sus obras, en esta historia de nuestra ciudad se dice:

> *En la pintura, ha habido hombres eminentísimos, el uno de ellos fue Antonio de Mohedano, otro segundo Miguel Ángel, el padre fraile Alonso de Trujillo religioso agustino admirable en los pinceles. Juan Vázquez excelentísimo pintor. Gabriel Ortiz y otros. En escultura fue muy estimado y conocido Juan Bautista del Castillo por uno de los más eminentes esculteres de España, hizo muchas obras en que su nombre pueda eternizarse. Imitanle sus dos hijos d. Francisco del Castillo en pintura y don Antonio su hermano en la escultura. Antonio de Rivera, que de edad de 24 años hizo toda la escultura del convento de San Juan de Dios, sin dibujar, ni tomar compás para nada de tan peregrina obra, dando el solo que trabajar a seis oficiales.*

Como vemos la información que aporta, y que en las historias del siglo XVIII se amplía, nos ha abierto un interesante campo en el que podemos profundizar sobre la nómina de artistas que desempeñan su labor en nuestra ciudad. Desde hace años es una línea importante de investigación que han ido desarrollando diversos autores como el padre Andrés Llordén o el investigador Jesús Romero Benítez.

Uno de los nombres que menciona el Padre Cabrera, es Francisco del Castillo.

Sobre él tenemos relativamente pocos datos. Sabemos que nació el 1 de septiembre de 1626, fruto del tercer matrimonio de Juan Bautista del Castillo con María Carrillo. En cuanto a su formación como artista damos por sentado que debió de aprender el oficio en el taller de su padre. Conocemos por la documentación consultada que fue presbítero, y en los documentos aparece como «Licenciado» Francisco del Castillo. La mayoría de los datos localizados son referentes a su patrimonio. Debió de tener un importante número de inmuebles, ya que constantemente aparece realizando contratos de arrendamientos, que sin duda le supusieron una significativa fuente de ingresos, dando la impresión que la actividad artística estaba relegada a un segundo lugar.

No obstante, el descubrimiento de su testamento nos obliga a replantear esta inicial opinión, ya que en el mismo se detalla una muy numerosa producción de piezas; lo que nos obligará en un futuro a ampliar la investigación de Francisco del Castillo en los Fondos de Protocolos Notariales. Seguidamente transcribimos este testamento, al considerarlo una interesante fuente de datos sobre su actividad artística. Siendo además el único documento que así lo refleja[188]. El testamento fue protocolizado el 12 de agosto de 1678:

---

188   A.H.M.A. Fondo Protocolos Notariales. A.N.A. Escribano Alonso Fernández Merino. Legajo nº 1477, folios 294r a 297v.

[...] mi cuerpo sea sepultado en la yglesia parroquial del señor san pedro en la bobeda que alli tiene la hermandad de clerigos del señor san pedro de que soy hermano [...].

[...] Declaro que el lisengiado don bartolome de caxa montefrio presvitero como mayordomo dela cofradia del Santisimo sacramento çita En La parroquia del señor san pedro medebe mill y diez enuebe rreales rresto de cien ducados que ladha cofradia me debia del monumento que le hiçe mando se cobren.

Declaro que un vegino de esta ciudad que es morador en el partido de mollina desu Jurisdçion me debe giento y sinquenta rreales de una hechura desan Juan bautista de talla que a corrido por mano delisengiado don Juan manuel rregio mando que dando los dhos giento Y cinquenta rreales se le entregue la dha hechura.

Declaro que francisco rrodan maestro de confitero y veçino de esta ciudad que bibe en la calle de estepa me debe tresientos Y tres rreales de la hechura de un san Joseph y un niño de la espina en un pais Y un Jesus naçareno de bara y tergia de alto Y por quenta de todo he resebido dosientos rreales en ageite de linaga mando se cobre lo rrestante.

Declaro que el lisengiado don fernando muñoz montefrio elerigo presvitero vegino de esta ciudad me debe ogehenta rreales de la hechura de un san Antonio que tiene en su poder mando se cobren Y an simismo tiene en su poder un lienço de santa rrosa que le preste mando ansimismo se cobre

Declaro que el padre prior del convento denuestra señora de belen de esta ciudad me mando hager tres lienços de la bida de San juan de lacruz concertados cada uno a setenta rreales mando se le entreguen y se cobren su precio de ellos [...].

Iten mando a don Antonio del Castillo mi hermano un liengo de Santa ynes que se le deluego que yo fallesca porque asi es mi voluntad

Iten mando a doña Ana carrillo mi hermana rreligiosa profesa en el convento de nuestra señora de la encarnagion un lienço de pintura el que elijiere de los que tengo en las casas de mi morada el qual se le de luego que yo fallesca.

Iten mando a la iglesia parroquial del señor san pedro un Lienço de dos baras y media dealto del santo cristo de las penas para que se ponga en la sacristia de la dha parroquia por que asi Es mi voluntad.

Iten mando a el lisenciado don Luis de arroio clerigo presvitero veçino de esta ciudad un niño Jesus de la espina original y dos cabeças la una de Jesucristo nuestra señor Y la otra de su madre santisima las que el eliJiere Y se le den luego que yo fallesca...

y nombro por mis albaçeas testamentarios cumplidores Y executores del a la dha doña Maria carrillo mi madre Y a don Antonio Herman del Castillo mi hermano y a el dho lisençiado don Luis arroyo presvitero [...].

Francisco del Castillo falleció el 15 de agosto de 1678 y fue enterrado según su voluntad en la Parroquia de San Pedro[189].

---

189   A.H.M.A. Fondo Parroquial. Archivo de la Parroquia de San Pedro. Libro nº 395.

Antonio del Castillo (1635-1704). Escultor

A diferencia de su hermano Francisco, de este artífice sí contamos con más noticias, al haber conseguido localizar en el Fondo de Protocolos Notariales de Antequera un mayor número de obligaciones mercantiles.

Antonio del Castillo nace el 1 de febrero de 1635[190], fruto del tercer matrimonio de Juan Bautista del Castillo con María Carrillo, y es bautizado en la iglesia parroquial de San Pedro. Al igual que su hermano presuponemos que debió aprender el oficio de escultor en el taller paterno. Vivió en la calle Martín de Luque de la collación de la parroquia de San Pedro, fue clérigo de órdenes menores.

En cuanto a su actividad profesional, debió estar muy acreditado en su ejercicio. Prueba de ello es que acogía en su taller a aspirantes al oficio, como es el caso de Gaspar Correa, a quien su padre Felipe Nuñez, vecino de Antequera, el 2 de enero de 1676, lo pone a oficio y por aprendiz con Antonio del Castillo, por tiempo de dos años:

> [...] para que le enseñe, como maestro escultor que es, el arte de dibujar suficientemente sin le ocultar cosa alguna [...][191].

Seguidamente daremos cuenta de algunas de sus obras documentadas, así tenemos que el 1 de mayo de 1665 contrata con

---

190 A.H.M.A. Fondo Parroquial. Archivo de la Parroquia de San Pedro. Libro nº 257.
191 A.H.M.A. Fondo Protocolos Notariales. Escribano Cristóbal de Herrera. Legajo nº 1.329, folios 440r a 441r.

la Cofradía de Nuestra Señora de la Soledad de Antequera, la hechura de una pena por precio de 200 ducados. En el contrato actúa como fiador y avalista de Antonio del Castillo su hermano el Licenciado Francisco del Castillo:

> *[…] otorgamos que nos en favor de la cofradia de nuestra señora de la soledad y quinta   angustia cita en el convento de nuestra señora del carmen desta dha ciudad de hacer unas andas para la madre de dios de la Soledad que an de tener quince angeles diez en las baras y dos delante para los peventeros y tres que an de rreunir la urna con su bastidor Y basas y con su herraje de tornos acavado ttodo en toda perfeccion [...][192].*

Otra peana o triunfo es el que contrata también Antonio del Castillo con otra cofradía antequerana el 5 de abril de 1682. En esta ocasión, con la Cofradía del Dulce Nombre de Jesús, del convento de Santo Domingo:

> *[...] que había de hacer y labrar dicho Triunfo, costeándolo de todo lo que toque a madera y escultura, de tres cuerpos, el primero cuadrado y los dos sessabados, en que han de entrar 24 angeles repartidos, según y en la forma de la planta que se ha de entregar, y con 12 tarjetas de talla y 4 serafines en el primer cuerpo, y 6 varas para el palio, y asimismo ha de poner la madera necesaria y jornales para*

---

192   A.H.M.A. Fondo Protocolos Notariales. Escribano Alonso Monterroso. Legajo nº 521, folios 654r a 655v.

las parigüelas y las dichas varas han de corresponder en la hermosora con el Triunfo, y por todo ello se han de dar 300 ducados [...][193].

En 1693 Antonio del Castillo conviene con el Excmo. Sr. Duque de Osuna la hechura de un sagrario para la iglesia parroquial de Santa Ana de la localidad de Archidona[194].

Sin duda la fuente más importante que hemos localizado para conocer la dimensión de la obra de Antonio del Castillo es su testamento y la posterior escritura de partición de bienes, no podemos eludir por tanto el dejarlas reflejadas en este trabajo. Antonio del Castillo, otorga testamento el 11 de junio de 1704[195]. Transcribimos aquí la parte en la que hace referencia a su obra o al material propio del taller:

> *[...] mi cuerpo sea sepultado en la yglesia Parroquial desta ciudad de Donde soi feligres en la capilla de el Santtisimo xpto de las penas Donde estan enterrados los dhos mis padres [...].*
>
> *Declaro que devo a Dn Josephe Verdun maestre de Diferentes tablas que tenia en mi poder Para hacer Un Rettablo lo que diJere y declarare en su conciencia Y lo que fuere se le pague [...].*
>
> *[...] Declaro que de presente estoi haciendo una hechura de un San Josephe de talla Para D. Miguel Martines de truJillo conquien la aJuste en Dosientos Reales y a quenta de ellos tengo Recivios quince Reales Declaro tengo aJustado con el Jurado miguel Ruiz Monttalbo*

---

193   A.H.M.A. Fondo Protocolos Notariales. Escribano Carlos de Talavera. Legajo nº 2.612.

194   A.H.M.A. Fondo Protocolos Notariales. Escribano Miguel Conejo Buenrrostro. Legajo nº 1.090, folios 41r a 41v.

195   A.H.M.A. Fondo Protocolos Notariales. Escribano Juan Carlos Luna. Legajo nº 2.853, folios 148r a 150v.

Una hechura de la limpia Y pura Concepcion que esta acavada ento-da Perfecion Y Un niño Jesus que esta empesado a nobenta Reales cada Una de dhas hechuras y Por quenta de uno i otro e rrecivido el paño Para Una casaca Y la olandilla Para el forro Y tres quartas de lienço [...].

Nombra por albacea testamentario a D. Pedro de Rivas y Góngora. Continúa el testamento con distintas disposiciones sobre su casa en calle Martín de Luque y de algunos censos y propiedades.

El 7 de julio de 1704, tras el fallecimiento de Antonio del Castillo, su primo Antonio Herman del Castillo y sus hermanas Laura y María del Castillo otorgan escritura de partición de bienes[196]. Transcribiremos tan solo el inventario que se efectuó de las obras de arte y materiales del taller del artífice, dada la visión general que nos ofrece:

[...]
Un lienzo de San Pasqual baylon de vara y media de largo en veinte Reales.
otro lienzo de Nra Señora con Un niño enbrazos en cien reales.
otro de Santa Ines de Vara Y media en doze reales.
otro de la Magdalena de el mismo tamaño en doze reales.
otro de Un Retrato de una Vara de largo en seis Reales.
Dos lienzos de la aparicion de xpto Y Su madre en quinze reales.
un florero pequeño en tres Reales.

---

196   A.H.M.A. Fondo Protocolos Notariales. Escribano Juan Carlos Luna. Legajo n° 2.853, folios 160r a 171r.

otro Lienzo de San Josephe nra señora Y el niño en quinse Reales.

otro de San Cayetano en Dies Y seis reales.

otro de la consepcion en Doze Reales.

otro de nra Señora de las Angustias en qinse reales.

otros dos de xpto Y su madre en Gloria en otros quinze Reales.

otro lienzo Grande de San Geronimo en quinse reales.

otro de San Pedro de el mismo tamaño en quinse Reales.

otro de un Retrato Pequeño en quatro Reales.

Pasi Pequeño en tres RealesUn lienzo de la Asunsion en Dies y seis Reales.

Dos cavesas de San Pedro y San Pablo Pequeñas en doze Reales

quatro cavesasde Diferentes Retratos en ocho reales.

seis fruteros Pequeños en doge Reales.

otro lienzo de la Consepzion en Diez y seis Reales.

otro de San Antonio Abad en catorse Reales.

otro de Santa Rosa en quinze Reales.

otro de el Salbador Viexo en dosReales.

otro denra señora en la misma forma en otros dos reales.

dos sillas negras viejas en doze Reales.

tres silletas de anea en dos Reales.

un escauce Pequeño en un Real.

Dos bancos de ttorno el uno con hierros en veinte Y -quatro Reales.

un torno de Bolber Serchas en tres Reales.

unas cantareras Dos Reales.

tres Raveras viejas en tres Reales.

un conpas En tres Reales.

una casoleta deengrudo en tres reales.

una alcusa de oja de lata en un real.

onze libros en seis Reales.

Una Jachuela de Picar carne en Dos Reales.

Dos candiles de Garavatto en tres Reales.

Una Imaxen pequeña de Santa Teresa de talla Por acavar en seis Reales.

una hechura de talla de San Josephe sin acavar en veinte Reales.

un San Juan de talla A media hazer en diez Reales.

Un niño de Vonbas sin acabar En seis Reales.

Un san diego de talla Pequeño sin acavar en quatro reales.

Una nra. señora de talla en la misma forma en diez Reales.

un San juan en la misma forma en seis Reales.

una nra. señora sentada con su niño sin acavar en sinquenta Reales.

un niño Jesus Sentado enpesado a hazer en Dos Reales.

Un SAn Pedro Y Un Angel en la misma forma en doze Reales.

Un Angel de la guarda en la misma forma en tres Reales.

un santo xpto dela espirazion Sin acavar en quatro Reales.

otro sin brasos Enpesado en otros quatro Reales.

Un niño jesus Mui Pequeño en quatro Reales.

Once cavesas de Yeso y otras diferentes piesas de modelos en treinta Reales.

Una Partida de Dibuxos y estanpas en un arca pequeña en sinquenta Reales.

otra Partida de oJos de vidrio en dose [...].

Continúa el inventario con otro tipo de enseres, y sigue con la partición de los mismos y de los bienes sacados en almoneda y su adjudicación a distintas personas. Como se puede comprobar, lo elocuente de este inventario hace innecesario comentario alguno.

Sobre este escultor, recientemente se ha publicado una monografía por el historiador don Jesús Romero Benítez, que toma como base las distintas aportaciones que he realizado y le cedí en su momento[197], y que queda reflejado documentalmente en la referida publicación.

---

197   ROMERO BENÍTEZ, J. *Antonio del Castillo. Escultor Antequerano. 1635-1704.* Antequera, 2013.

Antonio Herman del Castillo. Pintor

Sobrino de Juan Bautista del Castillo, hijo de Alonso López Zayas y de Francisca del Castillo, hermana de Juan Bautista. Fue examinado para ejercer el arte de la pintura al óleo por Fernando Farfán en 1669[198]. Contrae matrimonio en 1671, con Juana Manuel de Ávila, hija del escultor Bernardo Simón de Pineda y de doña Mayor de Ávila[199]. Otorgan carta de dote[200].

De su matrimonio nacerán tres hijos: Bernardo en 1688, Petronila en 1673 y Dorotea en 1679.

En cuanto a su obra tenemos hasta el momento poca cosa documentada, realiza un trono para la Cofradía de la Sangre, y se le conocen diversa obra menor. Dicta dos testamentos el primero en 1679[201], sin duda influenciado por el proceso epidémico de peste que se produce en Antequera y el segundo en 1701[202]. En ambos testamentos no aporta información alguna referente a su obra. Fallece finalmente en 1706[203].

---

198   A.H.M.A. Fondo Municipal. Legajo nº 1. Expediente nº 5.
199   A.H.M.A. Fondo Parroquial. Archivo de la Parroquia de San Sebastián. Libro nº 510.
200   A.H.M.A. Fondo Protocolos Notariales. Escribano Fernando Salgado. Legajo nº 1.657.
201   A.H.M.A. Fondo Protocolos Notariales. Escribano Juan Antonio Navarro. Legajo nº 1.294.
202   A.H.M.A. Fondo Protocolos Notariales. Escribano Juan Carlos Luna. Legajo nº 1.669.
203   A.H.M.A. Fondo Parroquial. Archivo de la Parroquia de San Sebastián. Libro nº 545.

Jerónimo Brenes. Escultor

De este autor, tan solo tenemos una referencia, localizada en el *Libro de quentas que se toman A los mayordomos De la cofradía De la sangre de Jesuxpto*, que comprende los años 1610 a 1620, en su folio 95, nos aparece la siguiente anotación:

> *[...] dio mas por descargo ciento y setenta y seis reales que el dicho mayordomo paga a Jerónimo Brenes escultor de la hechura de un San Juan y Nuestra Señora, que la dicha cofradía hizo para sacar en la procesión los Jueves Santos como lo mostró por carta de pago del sobre dicho, su fecha en diez de noviembre de año pasado de seiscientos y trece que queda en poder del dicho mayordomo [...]*[204].

Ambas piezas se conservan en la actualidad.

La venerada imagen de Nuestra Señora de la Santa Vera Cruz, cotitular de la Archicofradía de la Sangre. Es una dolorosa de candelero, de una extraordinaria y logradísima belleza e intachable ejecución. El rostro aparece levemente inclinado hacia el lado derecho, habiendo conseguido plasmar el escultor el preciso instante en que un desgarrador y contenido sollozo se convierte en llanto.

Sobre la autoría de esta Dolorosa se estuvieron barajando durante años los nombres de Juan Bautista y de Antonio del Castillo, por su íntima vinculación con la indicada hermandad

---

204   A.H.M.A. Fondo Hermandades y Cofradías. Archivo de la Cofradía de la Sangre. Libro nº 1.

de la Sangre, a la que constantemente le realizaron trabajos, sin embargo no se pudo documentar esta atribución.

Ambas imágenes fueron policromadas por el pintor Gabriel Ortiz.

> *[...] dieron más por descargo ciento y treinta y dos reales que dio y paga a Gabriel Ortiz pintor por dorar y pintar las dos hechuras de Nuestra Señora y San Juan como lo mostró por carta de pago del sobre dicho su fecha en dos de marzo del año de seiscientos y catorce que queda en poder del dicho mayordomo [...]*[205].

En cuanto al autor de la imagen nada sabemos hasta ahora, la única obra documentada, como hemos dicho, que se le conoce es esta, no disponiendo tampoco de datos biográficos, que pudieran aportar alguna luz sobre su existencia, no se ha podido localizar de momento ninguna inscripción en los respectivos libros sacramentales, ni tampoco se ha podido encontrar ninguna otra referencia o negocio bien de arrendamiento u otro contrato en protocolos.

---

205   A.H.M.A. Fondo Hermandades y Cofradías. Archivo de la Cofradía de la Sangre. Libro n° 1.

Gabriel Ortiz. Pintor y escultor

De Gabriel Ortiz sabemos que nació en el último cuarto del siglo XVI, en Castilleja de la Cuesta, localidad de la provincia de Sevilla. Hijo de Fabián López y de María Ortiz. El primer documento que cronológicamente nos habla de nuestro artista es su partida sacramental de matrimonio. Verificado el 9 de febrero de 1600 con María Ruiz de Villatoro en la iglesia parroquial de Santa María, entre los testigos figura el importante escribano D. Pedro de Rojas[206].

La esposa, María Ruiz de Villatoro, pocos días después otorgó escritura de dote a favor de Gabriel Ortiz, precisamente ante este escribano[207]. En ella, aporta a la sociedad ganancial la nada despreciable suma de 400 ducados, además de un interesante ajuar personal y doméstico que no vamos a desarrollar en estas líneas. La desahogada situación económica de los suegros del pintor les permitirá iniciar su vida matrimonial de una manera aliviada. A lo largo de su matrimonio no tendrán hijos. Tenemos documentado además que su primer domicilio de casado fue en la calle de la Carrera Vieja o calle Fresca, para posteriormente adquirir en 1626 unas casas en calle Comedias, donde residirá hasta su muerte.

En cuanto a su obra, tenemos documentada una importante serie de piezas, aunque, hasta ahora, ninguna conservada o localizada. Así entre otras, sabemos que en 1609 restaura y

---

206   A.H.M.A. Fondo Parroquial. Archivo de la Parroquia de Santa María. Libro n° 49.
207   A.H.M.A. Fondo Protocolos Notariales. Escribano Pedro de Rojas. Legajo n° 153.

re-policroma la imagen del Cristo Yacente de la Cofradía de la Soledad:

> *Sepan quantos esta carta vieren como yo gabriel ortiz pintor vezino que soy en esta muy noble ciudad de antequera otorgo y conozco por el tenor de la presente que me obligo de rrenobar y encarnar un cristo crucificado de la cofradia de la soledad de nuestra señora desta ciudad que esta sita en el convento de nuestra señora del carmen della e ponerle unos dedos que le faltan de manera que quede en toda perfecion el qual tengo de dar Acabado de todo lo suso dho [...]*[208].

El precio fijado por el trabajo fue de cuatro ducados de oro; dos a la firma del documenton y los otros dos restantes, a la entrega del trabajo.

En 1611 realiza un lienzo con un San José para el altar del Salón de Cabildos del Ayuntamiento. En 1613, policroma la imagen tallada por Jerónimo Brenes de la Virgen de la Vera Cruz; mientras que en 1635, dora un trono para la Cofradía del Santo Crucifijo.

Pero tal vez la pieza más interesante que tenemos documentada es la talla de un Niño Jesús pasionario, para un vecino de Ubrique.

> *[...] otorgamos e conocemos por esta escriptura que nos obligamos de dar e entregar e que daremos y entregaremos A diego fernandez de gallegos vezino de la villa de ubrique o a quien su poder obiere una*

---

[208]   A.H.M.A. Fondo Protocolos Notariales. Escribano Fernando Caceres Obando. Legajo nº 1.982.

*hechura de un niño jesus que sea de alto de una bara con la peana
antes mas que menos con quatro brazos con sus tornillos que se puedan
quitar e poner el qual nos obligamos de dar acabado de escultura e
Pintura y el cabello y peana dorado con un escudo en la dha peana
escrito en el el nombre de jesus y en el uno de los dos quatro braços
a de tener el mundo dorado y una cruz de color naçarena y la dha
cruz a de tener una lista a la*

*redonda de oro e una corona despinas el qual le entregaremos en la
forma questa dho bien acabado y con toda perfecion a bista de oficiales
de pintor a quinze dias del mes de diciembre primero benidero deste
presente año por lo qual el dho diego fernandez gallegos nos a dado e
pagado catorze ducados en que se concerto la dha hechura En la forma
questa declarado de los quales nos damos por contento y entregados
A toda nra, boluntad porque los rrecibimos en presencia del escrivano
publico e testigos desta scriptura [...].*

Lo interesante de la escritura es que, por un lado nos habla
de la faceta escultórica de nuestro artista y, por otro nos indica
que realiza una tipología iconográfica muy interesante y de la
que se conservan en nuestra ciudad importantes ejemplos, tanto
del siglo XVII, como posteriormente del siglo XVIII.

Para concluir, indicar que Gabriel Ortiz falleció en nuestra
ciudad el 4 de septiembre de 1645. Habiendo estado muy vinculado a lo largo de su vida con personajes como Antonio Mohedano de la Gutierra o Juan Bautista del Castillo, con quienes
aparece documentado en diversas escrituras.

Gregorio Becerra y Biedma. Escultor y pintor

Gregorio Becerra y Biedma, escultor, pintor y dorador, hijo del pintor Baltasar de Becerra y de D.ª Juana María de Biedma, naturales igualmente de esta ciudad. Su padre, como indico, fue pintor y ejerció su oficio en el entorno de la collación de San Salvador.

Contrae matrimonio Gregorio Becerra con Ana María de Medina Morales, en la iglesia parroquial de San Sebastián, el 7 de junio de 1649.

A lo largo de su vida desarrolló una intensa labor profesional, debiendo alcanzar prestigio dentro de la comunidad; como lo prueba el hecho de que en tan solo tres años (entre 1660 a 1663) acoge al menos a dos aprendices: Gonzalo Francés y Lucas de Vilchez, este último vecino de Teba. Ambos entraron para formarse como pintores y doradores.

No obstante tenemos constancia de que Gregorio Becerra ejerce igualmente como escultor. De hecho, entrega al convento de San Agustín una escultura de bulto redondo policromada y estofada de un San Pablo, a cambio de dos nichos de enterramiento que la comunidad religiosa le adjudica en la capilla de Nuestra Señora de las Necesidades.

Esclarecedor como siempre es su testamento, redactado en 1667, donde relaciona además una serie de obras de su taller. Por ello vamos a trascribirlo en su parte fundamental. Nuestro escultor y pintor fallecerá, años después, concretamente el 29 de octubre de 1672:

[…] hijo legítimo y natural de Baltasar Fernández Becerra y de Juana de Biedma su mujer vecinos que fueron della ya difuntos estando en buena disposición de salud y en mi juicio memoria y entendimiento […].

[…] mi cuerpo sea sepultado en el convento de San Agustín Nuestro Padre En la sepulturas que allí tengo que están a la entrada de la capilla de nuestra Señora de las Necesidades […].

[…] Declaro que abra veinte años poco mas o menos que soy casado y velado según lo dispuesto por nuestra madre Iglesia con doña Ana Maria de Morales hija legitima de franc° Jiménez de Morales y de Doña Isabel de Olmos su mujer vecinos que fueron de la ciudad de Loja ya difuntos E la suso dha al tiempo del matrimonio Era viuda de Diego de Escobar pastor vecino que fue de la dha ciudad de Loja e trajo a mi poder cinco hijos del dho matrimonio E no trajo a mi poder vienes algunos ni yo los llevé tampoco y de el dho matrimonio tenemos por nuestra hija a Doña Juana de Biedma doncella Y no e tenido otros hijos algunos […].

[…] mando a la dha Doña Juana de Biedma mi hija para cuando la suso dha tome estado los vienes siguientes:

- una cama de colgar de seda con sus flecos Y a lamaz de seda dorada y verde
- veintiséis platos de plata los diez Y ocho pequeños y los demás grandes
- Doce cucharas de plata que pesan trece onzas y media
- un salero de plata que pesa once onzas y media
- un bernegas de plata que pesa ocho onzas y media
- un almirez
- un bufete grande
- un estrado con su alfombra y almohada.

- Y todos los oros sortijas y joyas que la dha mi hija tiene y asimismo le mando todas las prendas y ropa blanca y de vestir que sea hecho para el ajuar de la suso dha.

Ítem seis lienzos de Pintura de a dos varas y media de alto el uno de los cuatro misterios del Rosario, el otro del descendimiento de la cruz el otro de un crucifijo con Ntra. Sra. San Juan y la Magdalena, el otro de las dos Trinidades que llaman de cielo y tierra y el otro de Ntra, Señora San Joaquín y Señora Santa Ana y el otro de la Madre de dios del Socorro.

-seis laminas grandes Las cuatro con guarniciones

-una concepción de escultura con peana

-un san Juan de escultura el cual ni la dha Concepción no están estofados ni Dorados de presente y cada uno tiene una vara de alto.

-un lienzo de pintura de Santa Susana con su guarnición

-otros dos lienzos de pintura el uno de la Madre de Dios del Rosario Y otro de San Miguel de dos varas y tercia de alto

-otros dos lienzos de pintura uno de San Miguel y el otro de la Magdalena de a siete cuartas de alto cada uno [...].

[...] Ítem mando a la dha Doña Juana de Biedma mi hija todas las cosas tocantes a mi arte de pintura para que sean suyas propias y se le entreguen cuando tome estado [...].

[...] nombro por mis albaceas testamentarios [...].

[...] a la dha Doña Ana María de Morales mi mujer y a los licenciados D. Juan de Carrión y Francisco Gómez de Córdoba presbíteros [..].[209].

---

209   A.H.M.A. Fondo de Protocolos Notariales. Escribano Juan Pascual Jaime. Legajo nº 510.

Para cerrar, no para concluir este capítulo vamos a aportar algunos artistas más de los que se tiene muy breves referencias, pero que sin embargo están presentes y realizan su aportación, así tenemos a

Francisco Rodríguez de Alarcón. Pintor

Sabemos que trabaja en el sepulcro de la Cofradía del Santo Crucifijo de San Agustín dorando la pieza que talla Pedro Fernández de Mora. De igual manera está presente en la policromía de los estucos de la capilla mayor de la iglesia de San Francisco.

> *Sepan Los que bieren esta escriptura como nos franc° rrodriguez de alarcon y Juan Galan de arando pintores como principales e yo Luis moreno como su fiador [...].*
>
> *[...] otorgamos que nos obligamos nos los dhos principales a dorar de oro Y esmaltes el cielo de la capilla mayor que esta en la yglesia de señor San franco Desta dha ciudad que son quatro escudos de armas y la flor grande denmedio Y doce tarxetas Y tres perfiles en los argotantes Y cadena segun y de la forma que esta el dibuxo que queda en poder del padre guardian del dho conbento Y ansi mesmo emos de pintar doce geroloficos en las doce tarxetas todo ello por precio y contia de dos mil y quinientos rreales [...]*[210].

De igual manera trabaja en el dorado de los estucos del altar mayor de la iglesia de San Agustín. En su testamento se recoge en la parte fundamental lo siguiente, manda ser enterrado en la capilla de la Sangre del convento de San Francisco, y lo acompañen los hermanos de la Cofradia de San Diego de que es hermano.

---

210   A.H.M.A. Fondo de Protocolos Notariales. Escribano. Pedro de Cabrera. Legajo nº 422.

Casó legítimamente con doña Catalina de Belmonte, en la ciudad de Sevilla, le otorgó dote ante el escribano de dicha ciudad de Sevilla Fernando de Alarcón; él no otorga capital y no tienen hijos del referido matrimonio.

Sobre obras pendientes, solo aparece una:

> [...] *Ytem declaro tengo contratado el hacer unas andas para la Iglesia de la Fuente de la Piedra en sesenta ducados y aquenta dellos e recivido ciento cinquenta rreales [...].*

Nombra por albaceas testamentarios a su muger Catalina de Belmonte y a Diego Gómez del Campo, su cuñado[211].

---

211 A.H.M.A. Fondo Protocolos Notariales. Escribano Gonzalo de Villalba. Legajo n° 1.758.

Andrés de Aparicio (1657-1695). Pintor

Solo podemos ofrecer de momento su testamento, que como se puede apreciar es muy rico, quedando abierta una interesnate e importante vía de investigación.

> *In dey nomine amen= Sepan quantos esta escriptura de testamento Y ultima*
>
> *Boluntad vieren como yo Andres de aparisio Y padilla vezino que soy en esta muy noble ciudad de Antequera hijo lexitimo y natural de Andres de aparico y Dª Cathalina de reyna y padilla el dho mi Padre difunto natural de la Ciudad de Badajos y dha mi madre desta ciudad estando como estoy enfermo del cuerpo [...].*
>
> *[...] otorgo que hago y ordeno mi testamento en la forma Y manera siguiente*
>
> *[...] Y quando la voluntad de Dios nuestro señor fuere servido de llevarme desta presente vida a mi cuerpo se le de eclesiatica sepultura en la parrochía de señor san sebastian en la capilla de las venditas animas de que soy ermano y baja aNortaxado ala tierra en un avito de nuestro Padre s. Francº de asís [...].*
>
> *[...] Declaro case lexmamente segun dispone nuestra santa madre yglesia con Dª Leonor moreno del poço abra trese años y a dho tiempo traxo a mi poder Diferentes vienes en dote de que le otorgue escriptura Por ante Diego Ballartas scvno, que fue del numero de esta ciudad Y de dho matrimonio tengo por mis hijos= a Andres francº= Juan Josseph= Maria Manuela= Y francº Ignacio Y asi lo declaro Para que conste [...].*

*[...] Declaro que de horden del Padre fr. Juan Basques relixioso saser-
dote de la horden tersera conventual en el convento de nuestra señora
de los remedios de esta ciudad estoy haciendo seis liensos
Para un vezino de la villa de campillos los quales tengo emprimados
de una mano Y a cuenta de lo queImportase tengo resivido de mano
de dho Padre fr, basques çiento y sesenta y ocho R, de Vellon Y asi
lo declaro para que conste.
-Declaro que de horden de Dn fernando Manuel de narbaes cavº de
la horden de calatrava rexidor Y teniente de Alcayde del Castillo y
fortalesas desta ciudad e de haser un lienso de una ymaJen de nuestra
señora de la antigua y un frontal y anbos liensos los tengo acavados
Y a quenta de lo que ynportaren tengo resividos de mano del dho
Don ferando manuel de narvaes cinquenta reales y así lo Declaro
Para que conste.
Declaro que de horden del Reverendo Padre Guardian de la mada-
lena estoy hasiendo otros dos liensos los quales tengo enprimados y a
cuenta de lo que ynportansen tengo
resividos çinquenta R. y así lo declaro para que conste [...]²¹².*

Nombró por albaceas a su esposa, Leonor Moreno y a Alonso
Gordillo de Salazar. Fallece en 1695²¹³.

212   A.H.M.A. Fondo Protocolos Notariales. Escribano Francisco Criado del Pino.
Legajo nº 744.
213   A.H.M.A. Fondo Parroquial. Archivo de la Parroquia de San Sebastián. Libro
nº 544.

Juan Gerónimo Bonifás. Dorador

Solo él documentamos hasta ahora la siguiente obra:

En la muy noble ciudad de Antequera en primero dia del mes de Julio de mil y seiscientos y cinquenta y nueve años estando en el convento de frayles de señor san fransisco de asis desta dha ciudad y en la celda del padre fray andres de la paz guardian del dho convento por ante my antonio fernandez navarro escrivano por su magestad publico y perpetuo dl numnero desta dha ciudad y de Los testigos y Yusso escriptos Parezio Juan geronimo bonifaz maestro de Dorador bezino desta dha ciudad y dixo que por quanto tiene fho asiento y conzierto con el dho padre fray andres de la paz guardian questa presente al otorgamiento desta escriptura de que el otorgante dore en toda perfecion El sagrario que de pressente esta en la yglesia y altar mayor del dho convento de san Francisco de asis que el dho sagrario sea fho aora nuebamente en la forma y con las condiciones que yran declaradas en esta escriptura en cuya conformidad dixo Y otorgo Por el thenor de la que se obligava y obligo de dorar el dho sagrario questa en el altar y capilla Mayor de la dha yglesia de San francisco el qual tiene de dorar de enlanzar y encañamar Las partes traseras que tubiere nesesidad y le tiene de dar de piscola una mano que es la primera y luego le tine de dar cinco manos de yesso grueso Y a segunda mano sea de plastezer faltas de madera y juntas Y nudos= Y despues destas cinco manos sea de quitar con un cuchillo las rebalssas de yesso= Y luego se le an de dar cinco manos de yesso mate= Y luego sea de lijar todo= Y luego dar cinco manos de bol Y con todo lo dho sea de Dorar El dho sagrario= Y el dho Sagrario tiene un ssan juan Ebanxelista y ssan Jossef y dos angelitos que sustentan dos colunas y otras dos birtudes En el ultimo querpo todo Lo qual tiene de encarnar y estofar todos los sagrarios dentro y fuera dorado Y las puertas De la pintura que el dho padre Y guardian le pareziere= Y sea de estofar Y grabar Los capiteles de las colunas Y lo que fuere nessesario en otras partes todo a boluntad del dho Padre guardian= Y para todo lo suso dho El otorgante se obligo de poner y gastar todo lo que fuere nesessario manifactura y demas materiales De oro y todo lo nesessario todo a costa y misión del otorgante y por todo lo suso dho se letienen que dar y pagar por el dho convento y sindico qua- tro mill y doscientos rreales de vellón [...][214].

---

214   A.H.M.A. Fondo Protocolos Notariales. Escribano Antonio Fernández Navarro. Legajo nº 1.282.

Fernando de Morales. Pintor

Discípulo y amigo de Antonio Mohedano, mantiene relación con Francisco Pacheco, suegro de Velázquez, haciendo de intermediario en la venta de dibujos y planos que hace Leonor Mohedano, hermana de Antonio. Aparece realizando trabajos menores para la Cofradía de la Sangre de la que es hermano, tal vez la hora más relevante documentada hasta ahora sea la siguente:

> [...] *fray antonio Salvador Prior del convento de Santo agustin y Fernando de morales pintor escritura entre ellos. En la ciudad de Antequera en diez dias del mes de junio de mill y seiscientas y treinta años estando en el convento de señor santo agustin por ante mi El escrivano y testigos fray Antonio Salvador prior del dho comvento en nombre del Y de Los demas rreligiosos del dho combento [...].*
> [...] *Y de la otra fernando de morales pintor vezino desta ciudad dixeron estar combenidos Y con-certados Y en mi presencia y testigos se concertaron de que el dho hernando de morales aya de dorar y dar colores a la capilla mayor del dho convento y altares de ella en esta forma Lo primero en el segundo cuerpo de encima del quadro del santo xristo La mocheta de la corona de arriba se a de dorar asimismo La media caña del rrequadro del espiritu santo y los catones de afuera y la cartelilla questa en medio Con su media caña y los agalloncillos y La mocheta de la buelta con su tocadura de la media caña y las mochetas todas de la corona que se sigue del mismo quadro el vuelo de arriva y La media caña de la corona de la parte de abaxo la gula que es la moldura grande que esta devaxo de la corona y las hoxas que rresciben La corona del dho quadro todo ello lo dorara y asimismo dorara y dara*

*los colores convinientes A las molduras questan hechas de yeso en
la dha capilla En la forma y como mas conviniere y como entre las
dhas partes esta tratado y el dho oro a de ser fino de granada [...]*[215].

La nómina de artista de este periodo se hace realmente
casi interminable, en estas páginas tan solo hemos aportado
una pequeña pincelada, a los artistas tratados, hay que sumar,
nombres como Andrés Carrete, Pablo y Andrés Burgueño, los
hermanos Farfan, Manuel y Fernando, Tomás de Torres, Pedro
Fernández de Mora, Manuel y Manuel Luis de Borja, Vicente y
Juan Amado, Pedro Arevalo de Portillo, Melchor de Aguirre,
entre otros muchos.

A ellos habría que añadir dos capítulos más los correspon-
dientes a los siglos XVIII, con figuras como Andrés de Carvajal,
Miguel y Diego Marques, Antonio de Ribera, padre e hijo,
Antonio Palomo...

---

215   A.H.M.A. Fondo Protocolos Notariales. Escribano Pedro Cabrera. Legajo
nº 160.

CONCLUSIONES

En este trabajo se recoge una parte ínfima de 27 años de investigación en las fuentes documentales del Archivo Histórico Municipal de Antequera. La aparición en las tareas de organización del Fondo de protocolos Notariales de forma fortuita de un desconocido escultor que era Diego de Vega, despertó la curiosidad de este autor, archivero del centro. Lo que sigue ha sido un minucioso vaciado de estos Fondos y de otra documentación, que ha permitido ir poco a poco estructurando un importe grupo de artistas con vía de continuidad entre los siglos XV a XIX, y que está permitiendo demostrar la importancia neurálgica que la ciudad de Antequera ha mantenido a lo largo de la Edad Moderna.

La configuración de este círculo artístico, perfectamente definido, con unas trazas específicas que determinan un estilo identificativo, y unos talleres donde se forman, nuevos creadores.

Parte de las aportaciones realizadas en este trabajo, han sido publicadas a lo largo de estos 27 años, bien en medios como *Antequera Información, El Sol de Antequera, Revista de la Sociedad Excursionista, Don Manolito* y otros medios de prensa similares, a los que habría que añadir, la *Revista Pregón, Baética* o el *Boletín de Arte de la Universidad de Málaga.* En los primeros con artículos de tipo informativo dirigidos a un público general, las segundas con trabajos más especializados, ya que van dirigidos al mundo universitario.

También aparecen dos libros de temática general *Miscelánea Histórica de Antequera*, prologado por el doctor Antonio Parejo Barranco y publicado por el Excmo. Ayuntamiento de Antequera en 2004 y *Fragmentos para una Historia de Antequera*, editado por la Excma. Diputación Provincial de Málaga en 2009 y prologado por la doctora Mercedes Fernández Paradas.

La importancia de los descubrimientos realizados ha despertado el interés de la comunidad científica y universitaria, destacando en ello el doctor y catedrático de la Universidad de Málaga don Juan A. Sánchez López, o del doctor y profesor de la Universidad de Granada, don Antonio R. Fernández Paradas. Los que han dado difusión en sus respectivos ámbitos a los descubrimientos realizados y dotado del consiguiente análisis crítico. A los que habría que sumar las aportaciones puntuales del historiador e investigador don Manuel Garrido Pérez.

Hay que señalar, que los trabajos realizadas por mi parte han tratado siempre de ser lo más positivistas posibles, sin entrar dentro de la medida de lo posible a analizar y contextualizar las obras y a los autores, dado que tan solo soy un archivero y la función básica que en un principio se persiguió y se sigue persiguiendo es tan solo transmitir los conocimientos y documentos localizados, para que los críticos en arte en este caso y los investigadores especializados dispongan de la materia prima necesaria para realizar su trabajo, dado lo complicado que en el mundo actual resulta acceder muchas veces a las fuentes documentales a pesar de los avances tecnológicos.

No obstante se debe de recapacitar y mirar a tras los primeros trabajos transcritos o copiados, se realizaron con máquina de escribir, concretamente con una Olivetti 45, para pasar poco después a una magnifica maquina eléctrica, no teníamos para uso cotidiano Internet. La idea primaria era hacer llegar los descubrimientos que casi diariamente han ido apareciendo a la comunidad científica, que es en definitiva la que tiene que valorar. Por lo que yo solamente he servido de medio, de intermediario para dar luz a la oscuridad.

A pesar de que el ámbito de difusión de parte de estos trabajos fuera local, no fue impedimento para despertar el interés. Interés que aún sigue latente como lo demuestra la aparición de dos publicaciones realizadas por el historiador del arte Jesús Romero Benítez, basadas fundamentalmente en estos datos aportados: *Antonio del Castillo. Escultor Antequerano (1635-1704)*, en 2013 y *El Escultor Andrés de Carvajal (1709-1779)*, editado en 2014.

Este trabajo en definitiva reúne una primera aportación de forma global de la realidad artística de la ciudad de Antequera, como epicentro andaluz, que viene a romper de alguna manera la encorsetada tradición estética. La aparición de este elemento nuevo, está comenzando a dar para mucho y el debate por fin está abierto, en los próximos años veremos con qué resultados.

La fórmula de exposición positivista, no debe ser objeto de crítica, repito, sino todo lo contrario, el objetivo final es facilitar a los investigadores y al mundo universitario las herramientas para que puedan realizar su trabajo.

BIBLIOGRAFÍA

AA. VV.
- *La Real Colegiata de Antequera. Cinco siglos de arte e historia (1503-2003).* Antequera, 2004.
- *El antiguo convento de la Magdalena de Antequera: Historia y Patrimonio (1568-2008).* Antequera, 2008.

ARTACHO LÓPEZ. R.
- «La Ermita de la Vera-Cruz en el cerro del Infante», en El Sol de Antequera, núm. Extraordinario de Semana Santa, 1982.

ATENCIA MOLINA, E.
- «El Hospital y la Iglesia de San Juan de Dios de Antequera», en Jábega, 10, 1975, pp. 42-43.

BERNALES BALLESTEROS, J.
- «Pedro Roldan», Arte Hispalense, vol. 2, Sevilla, 1973.

BRAVO CARO, J. J.
- «La Antequera del tercer centenario (1610-1710)», en ESCA-LANTE JIMÉNEZ, J. (coord.), *600 Años de historia. Antequera 6° Centenario. 1410-2010*, Antequera, 2011, pp. 81-102.

BONET CORREA, A.
- «Una valoración urbana y artística de Antequera», en FER-NANDEZ RODRÍGUEZ, J. M. *Las iglesias de Antequera.* Antequera, 1971.

- «Andalucía Barroca. Arquitectura y Urbanismo», Barcelona, 1978. *Atlas Mundial de la Arquitectura Barroca*. Madrid: UNESCO, 2001.

CAMACHO MARTÍNEZ, R.

- Málaga Barroca. Arquitectura religiosa de los siglos XVII y XVIII. Málaga, 1981.
- Aportaciones al estudio de la arquitectura manierista en Antequera: la iglesia de San Agustín, en «Actas del Primer Congreso de Historia de Andalucía. Andalucía Moderna», tomo I pp. 173-184.
- La iglesia del Hospital de San Juan de Dios en Antequera, en «Baetica», 2, tomo I, Málaga, 1979, pp. 13-19.
- La iglesia de San Pedro de Antequera y su proyecto como sede de la Colegial, en «Boletín del Museo Diocesano de Arte Sacro», 1-2, Málaga, 1981.
- La iglesia de los Remedios de Antequera en Andalucía, ejemplo de ordenación escenográfica barroca, en «Boletín de Arte», 3. Málaga, 1982.

CATENA SEVILLA, M.

- *El barroco en Antequera*. Memoria de Licenciatura inédita. Madrid, 1956.

CLAVIJO GARCIA, A.

- Jerónimo de Bobadilla, pintor desconocido del siglo XVII, en «Actas del II Congreso Nacional de Historia del Arte». Sevilla, 1979.

CURIEL, Padre A.

- *El convento de la Santísima Trinidad de Antequera.* Antequera, 1982.

ESCALANTE JIMÉNEZ, J.

- *Fragmentos para una historia de Antequera.* Málaga, 2009.
- «Aproximación histórica a la Semana Santa de Antequera», en ESCALANTE JIMÉNEZ, J. (coord.), *Antequera su Semana Santa.* Antequera, 2015, pp. 13-46.
- *El abastecimiento de agua en Antequera: el memorial de Yllanes Sancho de Toledo (1545).* Antequera, 2008.
- *Guía del Archivo Histórico Municipal de Antequera.* Antequera, 2007.
- «El círculo escultórico antequerano del siglo XVI». *Revista de Estudios Antequeranos*, 2, 1993, pp. 333-350.
- *Miscelánea Artística Antequerana.* Antequera, 2004

ESCALANTE JIMÉNEZ, J. (coord.)

- *Antequera su Semana Santa.* Antequera, 2015.

FERNÁNDEZ, C.

- *Historia de Antequera. Desde su fundación hasta el año 1800.* Málaga, 1842.

FERNÁNDEZ PARADAS, A. R.

- «Escultura y Digitalización. Nuevas Perspectivas sobre la Originalidad en el Contexto de la Imaginería Procesional». Areté: Revista Digital del Doctorado en Educación de la

Universidad Central de Venezuela, ISSN-e 2443-4566, Vol. 1, N°. 2, 2015, págs. 59-76.

- «El universo artístico. Teoría y praxis del trono antequerano. Estética, diseño y definición de un discurso», en ESCALANTE JIMÉNEZ, J. (coord.). *Antequera su Semana Santa.* Antequera, 2015

- «La autarquía artística de una ciudad: historia de la escultura barroca antequerana. Exégesis de una escuela», en FERNANDEZ PARADAS, A. R. (coord.). *Escultura Barroca Española. Escultura Barroca Andaluza.* Antequera, 2016.

- «Escultura antequerana del siglo XV: de las formas góticas al incipiente renacimiento». *Revista Antequera Cofrade,* n° 3. Antequera 2016.

FERNÁNDEZ PARADAS. A. R. (coord.)

- *Escultura Barroca Española. Entre el Barroco y el siglo XXI.* Antequera, 2016.

- *Escultura Barroca Española. Escultura Barroca Andaluza.* Antequera, 2016.

- *Escultura Barroca Española. Las historias de la Escultura Barroca Española.* Antequera, 2016.

FERNÁNDEZ RODRÍGUEZ, J. M.

- «El arte Barroco en Antequera», en Antequera por su amor. Antequera, 1927.

- «La arquitectura civil antequerana», en Antequera por su Amor. Agosto 1924.

- «Una visión de Antequera en 1580», en Antequera por su amor. Abril 1925.

- «El Arco de los Gigantes y el Museo Arqueológico Municipal», en Antequera por su amor. Agosto 1929.
- «Notas de historia y arte antequeranos. Las ermitas», en El Sol de Antequera. Extra, abril 1943.
- «El arco de los Gigantes y las plazas del Juzgado y de la Feria», en El Sol de Antequera. Agosto 1943.
- «Las cofradías del Dulce Nombre de Jesús y Ntra. Sra. del Rosario en Santo Domingo», en El Sol de Antequera. Extra, abril 1944.
- «El pintor Antonio Mohedano de la Gutierra, algo sobre su vida y su obra», en El Sol de Antequera. Extra Semana Santa 1948.
- *Las iglesias de Antequera. Antequera*, 1971.

FERRER GARROFÉ, P.
- Bernardo Simón de Pineda. Arquitectura en madera, Arte Hispalense, vol. 32. Sevilla, 1982.

GALLEGO Y BURÍN, A.
- *José de Mora. Su vida y su obra*, Granada, 1925. (Edición facsímil de 1988).
- «Tres familias de escultores: los Menas, los Moras y los Roldanes», en Archivo Español de Arte, núm. 3, Madrid, 1925.

GILA MEDINA, L.
- "Pedro de Mena, escultor 1628-1688". Madrid: Ars hispánica, 2007.

GIL SANJUÁN, J. y SÁNCHEZ LÓPEZ, J. A.

- «Hoefnagel y Van den Wyngaerde: Urbis Antecariensis Conspectus», en *Revista de estudios antequeranos*. N° 1, 1995, págs. 109-127.
- «Iconografía de la ciudad de Antequera y su entorno paisajístico en el siglo XVI. Vistas panorámicas de dos pintores flamencos», en *Revista de estudios antequeranos*. N° 2, 1995, págs. 367-398.

HURTADO DE MOLINA DELGADO, J.

- *Los Mercederarios de Córdoba: el rescate de cautivos y los bienes y rentas para la redención en el siglo XVIII*. Córdoba, 2003.
- «Un Crucificado antequerano en Córdoba: la imagen del Santo Cristo de las Mercedes», en *Revista de Estudios Antequeranos*. N° 18, pp. 109-121. Antequera, 2015.

LARRETA ZULATEGUI, R.

- *Edificio en la ciudad de Antequera con las medallas antiguas halladas en ella. Traducción y comentario de las inscripciones. Memoria de Licenciatura inédita*. Universidad de Sevilla, 1977.

LÓPEZ-GUADALUPE MUÑOZ, J. J.

- *José de Mora*. Granada, 2000.
- *Imágenes elocuentes. Estudios de patrimonio escultórico*. Granada, 2008.

LUQUE GÁLVEZ, J. F.

- «Un enigma llamado Diego de Vega», en *Pregón*. Antequera, 2012.

- «El paso procesional de Ntra. Sra. de la Paz a través de los siglos», en Armadilla.

LLORDÉN SIMÓN, A.
- *Pintores y entalladores malagueños.* Ávila, 1960.
- Arquitectos y canteros malagueños: ensayo histórico documental (siglos XVI-XIX). Ávila, 1962.
- «Noticias históricas de los maestros plateros antequeranos. Siglos XVI-XVII», en Jábega, 7. Málaga, 1974.
- «Noticias históricas de los maestros plateros antequeranos. Siglos XVII-XVIII», en Jábega, 8. Málaga, 1974.
- «Una familia de alarifes y arquitectos antequeranos: los Burgueño», en Jábega, 10. Málaga, 1975.
- «Notas documentales sobre el arquitecto Cristóbal García», en Jábega, 12. Málaga, 1975.
- «Una imagen para dos artífices: José de Mora y Andrés de Carvajal», en Jábega, núm. 17. Málaga, 1977.
- «El tabernáculo de la Colegiata de Antequera», en Jábega, núm. 28. Málaga, 1979.
- «El antiguo retablo mayor de San Sebastián de Antequera», en Jábega, 31. Málaga, 1980.
- «El triunfo a la Inmaculada en Antequera», en El Sol de Antequera, 7 de diciembre de 1980.
- «Fray Pedro del Espíritu Santo, arquitecto de la Iglesia de la Trinidad», en El Sol de Antequera, 31 de mayo de 1981.
- «La iglesia de los Remedios y el arquitecto Fernando de Oviedo», en El Sol de Antequera, 30 de noviembre de 1981.
- «Maestros canteros en la iglesia de los Remedios de Antequera», en El Sol de Antequera, 30 de noviembre de 1981.

- Miscelánea Antequerana, Málaga, 2008. Antequera, 2013.

MADRAZO GIMENEZ, F. J.
- El Arco de los Gigantes y su significado. Memoria de Licenciatura inédita. Universidad de Granada, 1978.

MUÑOZ BURGOS, J.
- «La iglesia de San Juan Bautista», en El Sol de Antequera, 21 de mayo de 1950.
- «Las casas de Antequera», en El Sol de Antequera, extra agosto 1956.
- «La iglesia de Belén y la Cofradía de Servitas de Ntra. Sra. De los Dolores», en El Sol de Antequera, extra Semana Santa 1959.
- «El convento de religiosos de la Santísima Trinidad», en El Sol de Antequera, extra Semana Santa, 1960.
- «El convento de Santa Eufemia, patrona de Antequera», en El Sol de Antequera, extra agosto 1964.
- «La Iglesia de Ntra. Sra. de los Remedios y el convento de Padres Terceros», en El Sol de Antequera, extra Semana Santa 1964.
- «Breve historia de la Iglesia Colegial de Antequera en el siglo XVI», Antequera, 1968.
- «El convento de Madre de Dios y la Virgen de Monteagudo. Historia en dos partes y crónica de un voraz incendio», en El Sol de Antequera, extra Semana Santa, 1968.
- «El monasterio de la Santísima Encarnación», en El Sol de Antequera, extra Semana Santa, 1970.

PAREJO BARRANCO, A.

- *Historia de Antequera.* Antequera, 1987.
- «Una lectura simbólica de la Antequera barroca». *Revista de Estudios Antequeranos,* 13, 2002.
- *Memorias de la ciudad de Dios.* Antequera, 2006.
- «De la ciudad y sus habitantes (1503-1851)», en ROMERO BENITEZ, J. (coord.), *La real colegiata de Antequera. Cinco siglos de historia (1503-2003).* Antequera, 2004, pp. 15-52.

PAREJO BARRANCO, A. y ROMERO BENITEZ, J.

- «Una obra de transición gótico-renacentista: el Cristo Verde», en El Sol de Antequera, 30 de marzo de 1980.
- «Una obra del arquitecto Melchor de Aguirre semi oculta por la vegetación», en El Sol de Antequera, 12 de octubre de 1980.
- «Viajeros antiguos en Antequera», en El Sol de Antequera, abril-mayo 1980.
- «El barrio de San Juan y la Hermandad del Señor de la Salud y de las Aguas», en El Sol de Antequera, 25 de mayo de 1980.
- «Una obra del escultor Pablo de Rojas: el Jesús Nazareno de la Sangre», en El Sol de Antequera, 12 de abril de 1981.
- «La fachada de Santo Domingo», en El Sol de Antequera, 28 de junio de 1981.

RAMÍREZ GONZÁLEZ, S.

- «El universo artístico. Un espacio para las hermandades antequeranas: el referente de las capillas», en ESCALANTE JIMÉNEZ, J. (coord.). *Antequera su Semana Santa.* Antequera, 2015.

ROMERO BENITEZ, J.

- «El San Francisco de Pedro de Mena del Museo de Antequera», en El Sol de Antequera, extra agosto, 1972.
- «Proyecto de reconstrucción de la torre de los Gigantes de Antequera», en Jábega, 12. Málaga, 1975.
- «Las torres miradores de Antequera», en Jábega, 21. Málaga, 1978.
- «El monumento del Triunfo en Antequera», en Jábega, 27. Málaga, 1980.
- «La antigua casa de los Pardo», en El Sol de Antequera, 31 de mayo de 1981.
- La arquitectura civil de Antequera: edilicia y doméstica (siglos XVI-XX). Memoria de Licenciatura Inédita. Universidad de Málaga, 1981.
- «Infancia y obra antequerana del retablista Bernardo Simón de Pineda», en Boletín de Arte. Málaga, 1982.
- El retablo en Antequera durante los siglos XVII y XVIII, en Málaga, vol. III. Granada, 1984.
- «Una obra inédita de Bocanegra en las Descalzas de Antequera», en Boletín de Arte, 6. Málaga, 1985.
- *Guía Artística de Antequera.* Antequera, 1987.
- *Guía Artística de Antequera.* Antequera, 1989.
- El patrimonio escultórico de la Cofradía de la Sangre y Santa Vera-Cruz de Antequera, en Vía Crucis, núm. 14. Málaga, 1992.
- Imaginería pasionista no procesionaria. Exposición. Antequera, 1996.
- El Museo Conventual de las Descalzas de Antequera. Antequera, 2008.

- Museo de la Ciudad de Antequera. Guía. Antequera, 2011.
- Antequera, ciudad monumental. Guía. Antequera, 2014.
- Antonio del Castillo: escultor antequerano, 1635-1704. Antequera, 2013

ROMERO BENITEZ, J. (coord.)
- *La real colegiata de Antequera. Cinco siglos de historia (1503-2003).* Antequera, 2004.

ROMERO TORRES, J. L.
- «La imaginería de Málaga, Córdoba y Jaén o la búsqueda de una personalidad artística», en Arles y artesanías de la Semana Santa Andaluza. El referente escultórico de la Pasión. Sevilla, 2004.
- «La escultura y el Patrimonio Artístico de las Colegiatas de Antequera», en La Real Colegiata de Antequera. Cinco siglas de Arte e Historia (1503-2003). Antequera, 2004.
- «Bernardo Simón de Pineda y su aprendizaje en Cádiz con el arquitecto de retablos Alejandro de Saavedra», en Laboratorio de Arte nº 19, Sevilla, 2006.
- *La escultura del Barroco*, Historia del Arte de Málaga, vol. 10. Málaga, 2011.

SANCHEZ-LAFUENTE GÉMAR, R. y LEAL MARTINEZ, M. L.
- «La torre de la iglesia de San Sebastián de Antequera», en Jábega, 26. Málaga, 1979.

SÁNCHEZ LÓPEZ J. A.

- «Contenidos emblemáticos de la iconografía del Niño de Pasión en la cultura del barroco», en Actas de I simposio internacional de emblemática, (Teruel, 1 y 2 de octubre de 1991) Teruel, 1994, págs. 685-718 y en Boletín de arte UMA N° 15, 1994, págs. 167-188.
- *El alma de la madera: cinco siglos de iconografía y escultura procesional en Málaga.* Málaga, 1996.
- «Iconografía franciscana en Andalucía: los temas y su proyección artística», en El franciscanismo en Andalucía: conferencias del I Curso de verano sobre el Franciscanismo en Andalucía (Priego de Córdoba, 7 a 12 de agosto de 1995) / Manuel Peláez del Rosal (dir. congr.), 1997, págs. 241-280.
- «Sueño del Renacimiento y despertar de la Contrarreforma 1540-1597», en El esplendor de la memoria: el Arte de la iglesia de Málaga. Coord. por Rafael Sánchez-Lafuente Gémar. Málaga, 1998, pp. 32-40.
- «La espiritualidad franciscana y la iconografía del Niño Jesús», en El franciscanismo en Andalucía: conferencias del IV Curso de Verano San Francisco en la cultura andaluza e hispanoamericana (Priego de Córdoba, 30 de julio a 8 de agosto de 1998). Manuel Peláez del Rosal (dir. congr.). 2000, págs. 119-154.
- «Ornamentaciones pintadas del barroco en la iglesia del convento de los Capuchinos de Antequera», en Boletín de arte UMA, N° 23, 2002, págs. 637-651.
- «Malos tiempos para la lírica. Decoro arquitectónico y controversia litúrgica en torno al ciborio y tabernáculo de la Colegiata de Santa María de Antequera», en Estudios de

Historia Moderna. Homenaje a la Doctora María Isabel Pérez de Colosía Rodríguez. Málaga, 2006, págs. 539-595.
- «El Nazareno en la escultura barroca andaluza. Perspectivas de investigación desde la antropología, la iconografía y el arte», en La imagen devocional barroca: en torno al arte religioso en Sisante, coord. por Pedro Miguel Ibáñez Martínez, Carlos Julián Martínez Soria. Cuenca, 2010, págs. 111-186.
- «Pablo de Rojas y la escultura del siglo XVI en Málaga. La difusión de una maniera», en La escultura del primer naturalismo en Andalucía e Hispanoamérica (1580-1625), coord. por Lázaro Gila Medina. Granada, 2010, págs. 411-454.
- «El universo artístico. La escultura procesional en Antequera. Visiones y revisiones», en ESCALANTE JIMÉNEZ, J. (coord.). *Antequera su Semana Santa*. Antequera, 2015.
- Málaga y su proyección escultórica en los siglos de oro, en FERNANDEZ PARADAS, A.R. (coord.), *Escultura Barroca Española. Escultura Barroca Andaluza*. Antequera, 2016.

SOLANA OBANDO, M.
- *Historia de Antequera*. Manuscrito. Antequera, 1814.

TEJADA Y NAVA, F. de,
- *Historia de Antequera*. Manuscrito. S. XVII.